REINER FREY

Vom Subjekt zur Selbstreferenz

Schriften zur Rechtstheorie

Heft 134

Vom Subjekt zur Selbstreferenz

Rechtstheoretische Überlegungen zur Rekonstruktion der Rechtskategorie

Von

Reiner Frey

Duncker & Humblot · Berlin

CIP-Titelaufnahme der Deutschen Bibliothek

Frey, Reiner:
Vom Subjekt zur Selbstreferenz: rechtstheoretische Überlegungen zur Rekonstruktion der Rechtskategorie / von Reiner Frey. — Berlin: Duncker u. Humblot, 1989
(Schriften zur Rechtstheorie; H. 134)
Zugl.: Frankfurt (Main), Univ., Diss., 1987
ISBN 3-428-06636-7
NE: GT

Druck: Berliner Buchdruckerei Union GmbH, Berlin 61
Printed in Germany

ISSN 0582-0472
ISBN 3-428-06636-7

„... würde man heute unbelastet durch Tradition wieder ansetzen, Rechtskriterien aus der Rechtspraxis selbst zu entwickeln, käme man gar nicht auf die Idee, die Selbstreferenz einem Subjekt zuzuweisen und sie dort soziologisch neutral abzukorken.“

Niklas Luhmann

Vorwort

Die vorliegende Schrift ist vom Fachbereich Rechtswissenschaft der Johann Wolfgang Goethe-Universität Frankfurt am Main im Wintersemester 1987/88 als Dissertation angenommen worden.

Das im wesentlichen Ende 1986 abgeschlossene Manuskript wurde noch bis Juni 1988 um Nachträge aufgrund neuer Veröffentlichungen ergänzt. Hierbei habe ich Zitate aus deutschsprachigen Maschinenskripten, deren Veröffentlichung in englischer Sprache erfolgte, beibehalten; die veröffentlichte Fundstelle ist jeweils in Klammern angegeben.

Ohne die langjährige Vorarbeit in Seminaren und „Lesezirkeln" am „Institut" für Wirtschaftsrecht der Frankfurter Universität wäre die nachstehende Skizze einer „Rekonstruktion der Rechtskategorie" nicht möglich gewesen. Herrn Professor Dr. Rudolf Wiethölter verdanke ich die geschärfte Sicht für die zu stellenden *Fragen* und die entscheidenden Anregungen für deren *Beantwortung*.

Eine weitere wesentliche Voraussetzung für die Strukturierung des Themas stellte das Erscheinen von Niklas Luhmanns „Soziale(n) Systeme(n)" im Jahre 1984 dar. Aus der Lektüre dieses Buches gewann ich den theoretischen Ansatz, der die Darstellung leitet: den Gedanken der *Selbstreferenz*. Ich hoffe zeigen zu können, daß die Aufnahme und Fortführung einer Theorie selbstreferentieller Systeme nicht dazu führen muß, kritisch-aufklärerische Hoffnungen, wie sie sich mit Recht seit Hegel verbanden, aufzugeben. Sie erscheinen allerdings in neuem Licht.

Besonderen Dank schulde ich meinem Freund Michael Blecher, der mir nach gründlicher Durchsicht des Manuskripts während langer Gespräche in Frankfurt und Florenz etliche noch verbliebene Inkonsequenzen vor Augen führte und damit zur Stringenz des Textes beitrug.

Frankfurt a. Main, im Juli 1988

Reiner Frey

Inhaltsverzeichnis

3. Kapitel

Ansatzpunkte für eine Rekonstruktion der Rechtskategorie

4. Kapitel

Geschlossenheit und Offenheit

5. Kapitel

Programmierung von Programmierungen: „second order cybernetics“

Abkürzungsverzeichnis

Auf Kirchner, Abkürzungsverzeichnis der Rechtssprache, 3. Auflage, Berlin/New York 1983 wird verwiesen. Darüber hinaus werden folgende Abkürzungen benutzt:

DOC. EUI:	Vom EUI veröffentlichtes Dokument
EUI:	European University Institute, Florenz
KritV:	Kritische Vierteljahresschrift für Gesetzgebung und Rechtswissenschaft (1986 ff.)
KZfSS:	Kölner Zeitschrift für Soziologie und Sozialpsychologie
MS:	Maschinenskript

Vorbemerkung: Zur Zielsetzung der Arbeit

Die folgenden rechtstheoretischen Überlegungen sind ein Versuch, angesichts zunehmender Orientierungslosigkeit von Rechtswissenschaft und -praxis einen Beitrag zu einer „Rekonstruktion der Rechtskategorie“[1] zu leisten. Dabei geht es zum einen um den Anteil, der dem Recht an der gesellschaftlichen Synthesis zukommt (Stichworte: „Vermittlung“ von Individuum und Gesellschaft; Verhältnis des „Rechtssystems“ zu anderen „Systemen“; Steuerung durch Recht), zum anderen um die Neubestimmung von Maßstäben für eine Rechtsarbeit, die alte Formen (Rechtssubjekt, Wille, Vertrag...) längst mit neuen Inhalten ausgefüllt hat. Eine Selbstbeschreibung[2] des Rechts, die dessen historischen Wandel seit dem neunzehnten Jahrhundert theoretisch in sich aufgenommen hat, könnte der Gefahr begegnen, daß in immer größerem Umfang „die operationsleitenden Strukturen, die Rechtstexte und ihre rechtsdogmatische Reflexion, nicht mehr ausreichen, um verständlich und akzeptierbar zu machen, was wirklich vor sich geht“.[3]

Ausgangspunkt für unseren Rekonstruktionsversuch soll die Erinnerung an eine Beschreibung des Rechts sein, die das Modell des „Rechtssubjekts“ bereits transzendiert (und insofern auf neueste Ansätze „vorweist“), indem sie *Selbstreferenz* zum bestimmenden Prinzip erhebt: Hegels „Grundlinien der Philosophie des Rechts“.

---

[1] Wiethölter 1986b, S. 26; vgl. ders. 1982c, S. 8f. (= 1986c, S. 227)

[2] Zum Begriff vgl. unten Kap.2, II

[3] Luhmann 1984d, S. 37

1. Kapitel

Rechtssubjektivität im Modell des „bürgerlichen Rechts"

I. „Bürgerliche Revolution", positives Recht und Selbstreferenz

Die politische und ökonomische „Revolution" des sich vom Feudalismus emanzipierenden Bürgertums war mitgetragen und in ihren Folgen erst stabilisierbar durch die Ausdifferenzierung des „positiven" Rechts.[4]

Nach der Evolution vom „göttlichen" oder „natürlichen" Recht der feudalen Epoche zur „vernünftigen Natur" des frühbürgerlichen Naturrechts bleibt die „Vernunft" schließlich ohne Rückbezug auf die Natur zurück: „Die Anerkennung der Freiheit des anderen, Träger eigener Rechte zu sein, wird als Gebot der Vernunft ausgegeben".[5] Ermöglicht wird die Ablösung des Rechts von allem, was ihm traditionell nicht-rechtlich vorausgesetzt war, durch die Figur des *Rechtssubjekts.*[6] Nicht mehr Gott oder Natur gewähren Rechte, sondern das Recht „be-gründet" (im Doppelsinn von „konstituieren" und „auf Gründe zurückführen") sich selbst (mit Kant als Freiheit[7]), indem es selbstreflexiv auf sich zurückverweist. (Dabei wird allerdings „Freiheit"/„subjektives Recht" zunächst einem transzendentalen Subjekt oder dem Rechtssubjekt als Menschen/Individuum zugeschrieben, so daß die Subjektkonstitution noch nicht als ein Problem des Rechtssystems selber erscheint.[8]) Der vordem konkret in vielfältige religiös-politisch-rechtliche Zusammenhänge eingebundene Einzelne kann sich nun durch die *rechtliche* Zuschreibung seiner abstrakten Einheit als freies und gleiches (Rechts-)Subjekt allererst als ein solches begreifen: Die Semantik des subjektiven Rechts kennzeichnet feudale Strukturen, die sich ehemals aufgrund der religiös und politisch angeleiteten Praxis rechtfertigten, *retrospektiv* als „Unfreiheit" und „Ungleichheit".[9] „Die Subjekte erkennen sich nicht mehr in bestimmten *rechtlich* fixierten Stellungen wieder, sondern die ihnen durch die *ökonomischen* Prozesse zugewiesenen Stellungen erscheinen, weil sie nicht mehr rechtlich zugewiesen sind, sondern sich zur Auswahl ‚anbieten', ... als *rechtlich* durch das Subjekt ‚frei' gewählt. Das Recht ruft das Subjekt nur an, Subjekt seiner Handlungen zu sein und sich in seinen ‚eigenen'

---

[4] Vgl. hierzu insgesamt Luhmann 1981a, Luhmann 1981d, sowie Ladeur 1978

[5] Luhmann 1981a, S. 73

[6] Vgl. Luhmann 1981a, S. 45ff.

[7] Vgl. MdS, Einleitung in die Rechtslehre, S. 34f., 43

[8] Vgl. Luhmann 1981a, S. 80f. Siehe unten Kap.2 und 3

[9] Vgl. Ladeur 1978, S. 129ff.

Handlungen wiederzuerkennen“.[10] Im Austauschvertrag des bürgerlichen Formalrechts realisiert sich der freie Wille des Rechtssubjekts: die inhaltliche Bestimmung von reziproken Rechten und Pflichten wird abgelöst durch formale Komplementarität.[11] Im Rahmen des Rechtsdiskurses scheint es so, als strukturiere das — historisch strukturierte — Rechtssubjekt sich selber. Dadurch, daß das Subjekt sich als „Ursprung“ seiner selbst „anruft“, projiziert es sich als außerhalb von Raum und Zeit stehend, als „Anfang“ von Kausalreihen:[12] „... der gesellschaftliche *Effekt* des Sichtbarwerdens ‚rechtlicher Freiheit‘ erscheint als Aneignung der je vorhandenen Freiheit des Subjekts durch dieses selbst“.[13] Aus einer kritischen „Lebenswelt“-Perspektive kann solche zirkuläre Geschlossenheit insofern „imaginär“[14] wirken, als das Recht tautologisch seine eigene „Ideologie“ bestätigt, indem es seine Prämissen verwirklicht, ohne seinen Realitätsbezug dabei ausweisen zu müssen: „Es genügt dem Recht zu erklären, *daß* der Mensch [besser: das Subjekt! R.F.] Rechtsmacht hat, *daß* diese Rechtsmacht sein Interesse schützt, *daß* sein freier Wille sein Interesse will“.[15]

Durch die selbstreferentielle „Schließung“ des Rechts im freien und gleichen Rechtssubjekt kann die *ökonomische* Entwicklung ihre Eigendynamik entfalten, ohne daß nochmals eine rechtliche Thematisierung möglich wäre: „Die Aufhebung der *rechtlichen* Bindung an den Boden als Bedingung des Produktionsprozesses läßt die Produktionsbedingungen als außerhalb der politisch-rechtlichen Superstruktur vorfindlich erscheinen...“.[16]

Zugleich versetzt die Autonomisierung des Rechts dieses in die Lage, seine Koppelung an die Statik von Boden, Stand und Tradition zu lösen. Als „positives“ Recht ist es prinzipiell änderbar und braucht damit „sozialstrukturelle(...) Hindernisse“[17] für seine Evolution nicht mehr zu akzeptieren. Damit schafft sich der *politische* Herrschaftsanpruch des Bürgertums seine rechtliche Operationsbasis, denn die „unsicher und strittig gewordene religiöse Kontrolle des Politischen“[18] läßt sich jetzt durch eine juristische Kontrolle ersetzen.

Die Entwicklung zur selbstreferentiellen Be-gründung des Rechts ist — jedenfalls in der „Reflexionsinstanz“ der Rechtstheorie — mit *Hegel* abgeschlossen, der in seinem philosophischen System (dessen Bestandteil das Recht als „objektiver Geist“ ist) *Selbstbeziehungen* als prägende Struktur der Moderne

---

[10] Ladeur 1978, S. 134

[11] Vgl. Luhmann 1981a, S. 73

[12] Vgl. Ladeur 1978, S. 39ff., 103ff., 129ff.

[13] Ebd. S. 41

[14] Ebd. S. 113

[15] Ebd.

[16] Ebd. S. 133

[17] Luhmann 1981a, S. 47

[18] Ebd. S. 67

überhaupt aufweist.[19] Auch wenn (oder: gerade weil?) Hegel nicht gleichermaßen wie andere Autoren beanspruchen kann, bei der Darstellung des positiven Rechts seiner Zeit die „Binnenperspektive" „bürgerlicher" Theorie einzunehmen, rechtfertigt es dieser strukturelle Aspekt, die Hegelsche Analytik hier als Modellbeschreibung zugrundezulegen. — Die Positionen unterscheiden sich in der Einschätzung von „Freiheit und Gleichheit" als den zentralen Anliegen des Rechts. Solange unter den Voraussetzungen einer Gesellschaft von Kleinproduzenten und dem daraus resultierenden „atomistischen" Wettbewerb empirische Plausibilitäten dafür sprachen, daß sich eine gelungene Gesellschaftsordnung marktförmig herstellte, brauchte der Rechtsbegiff das „abstrakte Recht" (Hegel) nicht zu transzendieren. So konnte noch Kant, indem er die Herrschaftsbefugnis über Sachen als „Erlaubnisgesetz der praktischen Vernunft"[20] ansah, formulieren: „Da nun die reine praktische Vernunft keine anderen als formale [2.Auflage: ‚formelle'] Gesetze des Gebrauchs der Willkür zum Grunde legt und also von der Materie der Willkür, d.i. der übrigen Beschaffenheit des Objekts, *wenn es nur ein Gegenstand der Willkür ist,* abstrahiert, so kann sie in Ansehung eines solchen Gegenstandes kein absolutes Verbot seines Gebrauchs enthalten, weil dieses ein Widerspruch der äußeren Freiheit mit sich selbst sein würde."[21]

Wie zuerst Hegels Kritik zeigen wird, korrespondierte das bürgerliche „Formalrecht" (und das war seine heimliche Materialität) in dieser Abstraktion von der „Materie der Willkür" strukturell der Zirkulationssphäre, die für „gerechte" Verteilungsergebnisse sorgte, indem sie sich als allgemeiner Vermittlungszusammenhang über die je besonderen Produktionen erhob.

Legt man diese Lesart zugrunde, hätte die bürgerliche Gesellschaft ihre Idee von Freiheit und Gleichheit — als *vorausgesetze* Freiheit und Gleichheit des (Rechts-)Subjekts — immer schon verwirklicht.[22]

Für Hegel ist das Vertrauen in die „unsichtbare Hand" (Adam Smith) des Marktes bereits brüchig geworden; zugleich hält er aber am Begriff der *Freiheit* und seiner Verwirklichung fest.[23] Dabei geht Hegel in seiner Kritik Kants und der neuzeitlichen Naturrechtstradition davon aus, daß „Freiheit" nicht als *Willkür* des Individuums vorgegeben sei (die ihre äußere Grenze an der Freiheit anderer finde), sondern als „Idee" dem *Recht* selber zugrundeliege.[24] „Freiheit" ist damit nicht als „präsoziale" denkbar, sondern von vornherein *gesellschaftlich*

---

[19] Habermas 1985a, S. 27 (ff.); vgl. Henrich 1982a, S. 142ff. (166ff.); Ritsert 1981, S. 284ff.; Breuer 1983, S. 542; Luhmann 1981a, S. 67, 83

[20] MdS § 2

[21] Ebd.

[22] Vgl. z.B. Breuer 1977b, S. 81; Theunissen 1982, S. 360f.

[23] Zur philosophiegeschichtlichen Entwicklung des Freiheitsbegriffs vgl. allgemein Spaemann a.a.O.; für das Recht Luhmann 1981a, S. 59ff.

[24] Rechtsphilosophie § 29; vgl. Theunissen 1982, S. 318ff. (319), 333ff.; zur neueren Diskussion des Freiheitsbegriffs auch Suhr 1984 sowie Schlink 1984 und dazu Ladeur 1986b

vermittelt.[25] In der „Rechtsphilosophie“ verfolgt Hegel deshalb die Entwicklung des Rechtsbegriffs auf dem Hintergrund realer Gesellschaftlichkeit so, *als ob* ihm in Gestalt der Idee der Freiheit ein „metaphysischer Vernunftentwurf“ zugrundeliege.[26] Aus der Divergenz zwischen der darstellungslogisch gewonnenen „affirmativen Selbstbehauptung des Rechts als wirklich gewordener Freiheit“[27] und der tatsächlichen Nichteinlösung der Freiheitsidee in der bürgerlichen Gesellschaft ergibt sich die Kritik am *Anspruch* des Rechts.[28] „Freiheit und Gleichheit“ gehen nach dieser Lesart im bürgerlichen (Vermögens-)Recht nicht auf, sondern weisen über es hinaus.

II. Anspruch und Kritik des bürgerlichen Rechts: Hegels „Grundlinien einer Philosophie des Rechts“

Für Hegel ist das im Prozeß der Moderne überhaupt — und damit auch im Recht — zur Geltung kommende Prinzip *Reflexivität,* das er — je nach Zusammenhang und Konkretisierungsstufe — „Geist“, „Begriff“, „Wille“ oder auch „Subjektivität“ nennt.[29] Das Modell hierfür findet Hegel im menschlichen Selbstbewußtsein:

„Jedes Selbstbewußtsein weiß sich als Allgemeines — als die Möglichkeit, von allem Bestimmtem zu abstrahieren —, als Besonderes mit einem bestimmten Gegenstande, Inhalt, Zweck. Diese beiden Momente sind jedoch nur Abstraktionen; das Konkrete und Wahre (und alles Wahre ist konkret) ist die Allgemeinheit, welche zum Gegensatze das Besondere hat, das aber durch seine Reflexion in sich mit dem Allgemeinen ausgeglichen ist. — Diese Einheit ist die *Einzelheit* [(handschriftlich:) besser Subjektivität], aber sie nicht in ihrer Unmittelbarkeit als Eins, wie die Einzelheit in der Vorstellung ist, sondern nach ihrem Begriffe ... — oder diese Einzelheit ist eigentlich nichts anderes als der Begriff selbst“ (§ 7).[30]

Die *„in sich* reflektierte und dadurch zur *Allgemeinheit* zurückgeführte *Besonderheit“* (§ 7) ist im Rahmen der „Rechtsphilosophie“ als *Wille* bestimmt;

---

[25] Vgl. Theunissen 1982, S. 318f.

[26] Flickinger 1980, S. 103 (S.23ff.). Diese „schwache“ These zur Hegelschen Vernunftphilosophie mag als adäquate Interpretation seines philosophischen Systems unhaltbar sein (vgl. dazu Henrich 1982a, S. 171 f.; ders. 1982b, S. 448ff.; Theunissen 1982, S. 358ff., 367ff.), sie *genügt* jedoch als Kontrastfolie für die hier erfolgende Darstellung der Entwicklung der Rechtskategorie. Es geht, m.a.W., um die Erarbeitung einer Rechtstheorie, die in Grundannahmen des Hegelschen Entwurfs Vorformulierungen der eigenen Position erkennt und sich diese — unabhängig von ihrem ursprünglichen Zusammenhang im System der idealistischen Philosophie — zunutze macht.

[27] Flickinger 1980, S. 103

[28] Vgl. Flickinger ebd., Theunissen 1982, S. 318ff., 344f.

[29] Z.B. Rechtsphilosophie § 7; Hegel 1983, S. 52ff. Vgl. Habermas 1985a, S. 27, Henrich 1982a, S. 169f.

[30] Alle Paragraphenangaben im Text beziehen sich auf Hegels „Rechtsphilosophie“. a.a.O.

dieser ist also nicht „Subjekt oder Substrat" (§ 7 a.E.), sondern allein der *Prozeß* der „in sich vermittelnde(n) Tätigkeit und Rückkehr in sich" (ebd.).[31] Als Prozeß des Sich-auf-sich-selbst-Beziehens ist der Wille die „Selbstbestimmung des Ich" (ebd.).[32] Indem Allgemeinheit und Besonderheit in der Einzelheit zusammengeschlossen werden, ist jede konkrete Bestimmtheit im selben Moment bloße Möglichkeit, die zwar jetzt gewählt ist, von der im Hinblick auf das zugleich vorhandene Allgemeine aber auch wieder abgegangen werden kann. „Dies ist die *Freiheit* des Willens, welche seinen Begriff oder Substantialität, seine Schwere so ausmacht wie die Schwere die Substantialität des Körpers" (ebd.). Im Zusatz[33] zu § 7 wird solche Freiheit als „konkreter Begriff der Freiheit" gekennzeichnet: „Die Freiheit liegt also weder in der Unbestimmtheit noch in der Bestimmtheit, sondern sie ist beides... Die Freiheit ist, ein Bestimmtes zu wollen, aber in dieser Bestimmtheit bei sich zu sein und wieder in das Allgemeine zurückzukehren."

Der an und für sich freie[34] Wille hat die Freiheit (damit also sich selbst) zum „Inhalte, Gegenstande und Zweck" (§ 21). Die *Idee* des Willens (d.h. der Begriff des Willens *und* seine Verwirklichung) ist — zunächst abstrakt gefaßt — „der freie Wille, der den freien Willen will" (§ 27). Zur Verwirklichung gelangt der Begriff nur durch *Tätigkeit,* durch Realisation in der Außenwelt (§§ 28, 104, 343). Das *Dasein* des freien Willens nennt Hegel *„Recht"* (§ 29), wobei sich eine Stufenfolge von „abstraktem Recht", „Recht der Moralität" und „Recht der Sittlichkeit" ergibt (§§ 30, 33).

Der Prozeß des Sich-auf-sich-Beziehens (in Hegels Terminologie allgemein: *„Geist"*[35]) in Gestalt des freien Willens weist also über seine zirkuläre Geschlossenheit hinaus, indem er seinem Wesen entsprechende Institutionen der Freiheit in der Gesellschaft schaffen will. Hegel kann folglich als Programm eines Rechts, das seine eigenen Prämissen ernst nimmt, zusammenfassen:

> „Der Boden des Rechts ist überhaupt das *Geistige* und seine nähere Stelle und Ausgangspunkt der *Wille,* welcher *frei* ist, so daß die Freiheit seine Substanz und Bestimmung ausmacht und das Rechtssystem das Reich der verwirklichten Freiheit, die Welt des Geistes aus ihm selbst hervorgebracht, als eine zweite Natur, ist" (§ 4).

Das Recht wird damit zur „Vermittlungsinstanz" zwischen Individuum und Gesellschaft (zwischen „Subjekt- und Systemreflexivität"[36]), indem ihm die Aufgabe zugewiesen ist, eine dem Menschen adäquate „freiheitliche" soziale

---

[31] Vgl. Haller 1981, S. 118; Henrich 1982b, S. 447

[32] Vgl. Haller 1981, S. 84 Fn 15

[33] „Zusätze" zu Hegels schriftlich vorliegenden Paragraphen der Rechtsphilosophie sind aus Vorlesungsniederschriften von Schülern Hegels entstanden, stellen also die Wiedergabe von mündlichen Erläuterungen Hegels zu seinem Text dar.

[34] Hierzu §§ 8-21

[35] Z.B. § 343; vgl. Habermas 1985a, S. 46; Henrich 1982a, S. 169; ders. 1982b, S. 443f.

[36] Ritsert 1981, S. 284ff.

„Umwelt“ zu schaffen.[37] Hegels *Rechts*theorie ist damit zugleich *Gesellschaftstheorie,* die in ihrem Entwurf über den vom positiven bürgerlichen Recht gesetzten Rahmen hinausgeht und glaubt, die Bedingungen der Entwicklung der bürgerlichen Gesellschaft zur „Freiheit“ aufzeigen zu können.[38]

1. Vom „abstrakten Recht“ zum „Recht der Sittlichkeit“

Das Recht der bürgerlichen Gesellschaft ist nach Hegel das *„abstrakte Recht“*, das gekennzeichnet ist durch die bloß formelle Beziehung des (an sich freien) Willens auf sich selbst als *Person* (= Rechtssubjekt) (§§ 34, 39). Die Person hat von sich ein „Selbstbewußtsein ... als vollkommen abstraktem Ich, in welchem alle konkrete Beschränktheit und Gültigkeit negiert und ungültig ist“ (§ 35), so daß „... Ich als *allgemeine* Person aufgefaßt werde, worin *Alle* identisch sind. Der *Mensch gilt so, weil er Mensch ist,* nicht weil er Jude, Katholik, Protestant, Deutscher, Italiener usf. ist“ (§ 209).

Die erste Stufe der Verwirklichung von Subjektivität in der *Welt* ist demgegenüber erst erreicht, wenn der (im abstrakten Recht bloß) an sich freie Wille auch *für sich* frei sein will, als Wille *in seinem Dasein* (§ 104): „Nur im Willen, als subjektivem, kann die Freiheit oder der *an sich* seiende Wille wirklich sein“ (§ 106). Dies ist die *Moralität* als die „reale Seite des Begriffs der Freiheit“ (§ 106). Während beispielsweise im Vertrag als Institut des abstrakten Rechts die „Selbstbestimmung der Subjektivität“ (§ 104) nur äußerlich bleibt, indem der dort zum Ausdruck kommende Wille ein von der beiderseitigen Willkür gesetzter gemeinsamer („nicht an und für sich allgemeiner“) ist (§ 75), wird im „moralischen Standpunkt“ diese „Zufälligkeit“ „in sich reflektiert“ und damit „mit sich identisch und allgemein“ (§ 111), so daß sie zur *Subjektivität* des Willens wird (§ 104) (dennoch aber „Zufälligkeit“ bleibt, was den Übergang von der „Moralität“ zur „Sittlichkeit“ vorbereitet). „Der moralische Standpunkt ist daher...das *Recht des subjektiven Willens.* Nach diesem Rechte *anerkennt* und *ist* der Wille nur etwas, insofern es das *Seinige,* er darin sich als Subjektives ist“ (§ 107).

Es könnte scheinen, als wäre damit im Recht der Moralität der Anspruch des Rechts, zwischen Wille und Institutionen der Freiheit zu vermitteln, bereits eingelöst. Dies ist aber nach Hegel nicht der Fall, da der subjektive Wille (noch) nicht mit dem „Begriff des Willens“ notwendig übereinstimmt, insofern er sich *nur* „auf sich“ bezieht (§ 135).[39] Die Absicht, dem *„an sich* seienden Willen angemessen zu sein oder die *Objektivität des Begriffes* zu haben“, ist auf der Stufe der Moralität bloße „Forderung“, so daß die Möglichkeit besteht, „dem Begriffe nicht angemessen zu sein“ (§ 111); der moralische Standpunkt ist der „Standpunkt des Verhältnisses und des Sollens“ (§ 108).

---

[37] Vgl. Haller 1981, S. 114, 123; Theunissen 1982, S. 339

[38] Vgl. Haller 1981, S. 118

[39] Vgl. Theunissen 1982, S. 354

Indem Hegel dergestalt der Reflexivität des daseienden subjektiven Willens eine notwendigerweise wahre Einsicht in die Objektivität des Begriffs abspricht, verlegt er die „Synthese" zwischen subjektivem und objektivem Willen in den Bereich der *Sittlichkeit*. Erst hier, im wirklich gewordenen „guten Staat" (§ 153, Zusatz), kommt die Subjektivität, die auf der Stufe der Moralität bloße Form war, zu realem Dasein, wird zur „Wirklichkeit der Substanz" (§ 152). Die Idee hat sich verwirklicht, so daß der Begriff der Freiheit zur „vorhandenen Welt und zur Natur des Selbstbewußtseins" (§ 142) geworden ist. Mit der *Allgemeinheit* des Sittlichen sind die Individuen aufgrund ihrer nunmehr in der Außenwelt verwirklichten inneren Allgemeinheit „identisch" (§§ 153, 147), so daß sich das individuelle Recht auf die „subjektive Bestimmung zur Freiheit" (§ 153) objektiv realisiert. Aber auch das Recht auf individuelle *Besonderheit* soll in der Sittlichkeit „enthalten" sein, insofern als das Sittliche nur in einer konkreten, spezifischen Weise existieren kann (§ 154). Allgemeiner und besonderer Wille, *Pflicht* und *Recht* fallen damit ineinander: „...der Mensch hat durch das Sittliche insofern Rechte, als er Pflichten, und Pflichten, insofern er Rechte hat" (§ 155).

2. Darstellung und Kritik

Hegels *Darstellung* des bürgerlichen Rechts ist zugleich dessen *Kritik*. Indem Hegel im Durchgang vom abstrakten Recht über das Recht der Moralität zum Recht der Sittlichkeit die Logik des Rechtsbegriffs entfaltet, führt er zugleich die reale Nichteinlösung des Anspruchs vor Augen, zwischen Individuum und Gesellschaft zu vermitteln.[40]

Die — versteckte — Normativität des „freien Willens" (die in der „Entfaltung" des Begriffs liegt) fordert, daß „Freiheit" zum allgemein gültigen gesellschaftlichen Prinzip werde.[41] Da der freie Wille nur „sich selber" anerkennen kann, müssen Verhältnisse freier Anerkennung auch in gesellschaftlichen und staatlichen Institutionen Verwirklichung finden.[42] Eine *solche* Entfaltung des Begriffs in der Realität findet jedoch auch auf der letzten Stufe der Sittlichkeit nicht statt, da das Recht seine eigene Grenze, die Fixierung auf die Rechtsform, nicht überschreiten kann. Um Anerkennungsverhältnisse zu schaffen, muß es von Anbeginn danach trachten, soziale Verhältnisse zu *verrechtlichen:* nur dann, wenn sie als rechtsfähige Willensbeziehungen erscheinen, sind sie vom Recht thematisierbar.[43]

Auf der Stufe des „abstrakten Rechts" — als historisch ausgeformtes positives Recht Ziel von Hegels Kritik und Ausgangspunkt für seine weiterführende Konstruktion[44] — wird dies deutlich. Der auf der Stufe des abstrakten Rechts

---

[40] Vgl. Theunissen 1982, S. 318 ff., 361 ff.

[41] Vgl. Flickinger 1980, S. 41

[42] Vgl. Henrich 1982b, S. 446 ff.

[43] Vgl. Flickinger 1980, S. 59, 98 ff., 121

[44] Vgl. Theunissen 1982, S. 321

erst „an sich" freie Wille ist die Definition des *Rechtssubjekts*, das sich zirkulär auf seine eigenen Prämissen rückbezieht. „*Freiheit*" auf dieser Stufe ist *rechtliche* Freiheit, also die in der symbolischen Ordnung des Rechts selber verankerte Freiheit des Rechtssubjekts als Rechtssubjekt. Als „vollkommen abstrakte(s) Ich" (§ 35) weiß sich die „Person" als „schlechthin reine Beziehung auf (sich)" und damit als das in der Endlichkeit existierende „Unendliche, Allgemeine und Freie" (ebd.).

Ebenso ist die „*Gleichheit*" der Rechtsperson ein „leerer tautologischer Satz" (§ 49), insofern das Recht dieses Moment von „Anerkennung" als eigene Prämisse schon enthält und voraussetzt (§ 71 a.E.). Das Moment der *Besonderheit* des Willens ist in der Bestimmung des Rechtssubjekts noch nicht enthalten (§ 37): „Im formellen Rechte kommt es daher nicht auf das besondere Interesse, meinen Nutzen oder mein Wohl an — ebensowenig auf den besonderen Bestimmungsgrund meines Willens, auf die Einsicht und Absicht" (ebd.). Außerhalb dieses Begriffs rechtlicher Gleichheit liegen daher alle materialen Substrate von Rechtsbeziehungen, also alles, „was den Besitz betrifft, dieser *Boden der Ungleichheit*" (§ 49). „*Was* und *wieviel* ich besitze, ist daher eine rechtliche Zufälligkeit" (ebd.).

Sowohl in Bezug auf die Anerkennung als Rechtssubjekt wie auch als *Eigentümer*[45] geht es für die Logik des Rechtsbegriffs allein um das Moment der Entfaltung des freien Willens. Im Eigentum (und nur dies macht dessen rechtliche Bestimmung gegenüber dem Besitz aus) *vergegenständlicht* sich der freie Wille in der äußeren Realität und wird dadurch erst „wirklicher Wille" (§ 45); insofern ist „vom Standpunkt der Freiheit aus das Eigentum ... wesentlicher Zweck für sich" (ebd.). Auch das Eigentum folgt damit den Prämissen des Rechts der bürgerlichen Gesellschaft, das von allen Momenten der „Besonderheit" abstrahiert: es ist „im vorhinein und als solches *Privat*eigentum".[46]

Der Wille kann seine Autonomie nur bewahren, wenn er sich in jedem Moment auf „sich selber " als freien bezieht. Im *Vertrag* erscheint diese Selbstbeziehung als das Verhältnis von zwei Willen zueinander, indem sich die Vertragsschließenden „als Personen und Eigentümer *anerkennen*" (§ 71 a.E.). „Diese Beziehung von Willen auf Willen ist der eigentümliche und wahrhafte Boden, in welchem die Freiheit *Dasein* hat (§ 71). Auch der Vertrag schafft also keine „positive" Beziehung zweier Willen aufeinander (§ 113), sondern verbleibt in der Sphäre der „Negativität" der Eigentümer-Rechtssubjekte.[47]

Insofern das bürgerliche Recht die Herrschaft des freien Willens *voraussetzt* und damit *zugleich* als *Ergebnis* von rechtlich institutionalisierten Sozialbeziehungen gewährleistet, *hat* die bürgerliche Gesellschaft ihre Idee von Freiheit und

---

[45] Vgl. Flickinger 1980, S. 33

[46] Theunissen 1982, S. 347 Fn.36

[47] Vgl. Theunissen 1982, S. 347ff.

Gleichheit im Rahmen des Rechts immer schon *realisiert*. Indem Hegel diese Form der Verwirklichung als Standpunkt des „abstrakten Rechts“ beschreibt und im Fortgang zu den „Stufen“ der Moralität und Sittlichkeit an der Idee der Freiheit als Anfangs- und Zielpunkt des neuzeitlichen Subjekts festhält, erweist sich das bestehende bürgerliche Recht — gemessen an seinem Anspruch — als *defizitär*.[48] Es zeigt sich, daß das bürgerliche Recht sein Programm, soziale Anerkennungsverhältnisse zu schaffen, im Rahmen der bürgerlichen Gesellschaft nicht einlösen kann.

a) Autonomie des freien Willens: die Abstraktion von materialen Substraten

Die Autonomie des Willens bedeutet auf der Stufe des abstrakten Rechts das Ausblenden von materiellen sozialen Substraten. Das Recht kann in seiner Sprache von Freiheit und Gleichheit des Willens unterschiedliche Qualitäten der Sache, auf die es sich bezieht, nicht thematisieren und abstrahiert damit vom Gebrauchswert (von der „Besonderheit“) überhaupt.[49] Die Abstraktheit der „rechtsfähigen“ Thematisierung — in sachlicher Hinsicht als Eigentum — basiert darauf, daß sich der Wille *gleichgültig* gegenüber Inhalten verhält.[50] Der freie Wille, der sich der Sache entäußert, bezieht sich auf einen anderen freien Willen, nicht auf die veräußerte Sache. Diese ist lediglich „Vermittlungsinstanz, Mittel, um Willensbeziehungen sichtbar zu machen“,[51] somit (Tausch-)Wert. Während im Eigentum noch beide Momente, Gebrauchs- und Tauschwert, vorhanden sind,[52] wird im Vertrag der Gebrauchswert unwesentlich. „Damit nimmt der Widerspruch des Eigentums eine radikalisierte Gestalt an: Er ist zu dem umfassenden zwischen der Vernunft des Rechts und der der materiellen Reproduktionsformen geworden“.[53] Erst in der Institution des Vertrages führt der Anspruch des Rechts, dem freien Willen zum Dasein zu verhelfen, dazu, das historisch vorfindliche „abstrakte Recht“ als „abhängige Funktion des Privateigentums“[54] zu erweisen.

Indem Hegel bei seiner Darstellung allein der vorausgesetzten Normativität des Rechtsbegriffs folgt und dessen Vernunft entfaltet, wird genau dies deutlich; daß ökonomische Herrschaft nicht rechtsförmig thematisiert werden kann und zugleich auf diese Nichtthematisierbarkeit zu ihrer Entfaltung angewiesen ist. „Die rechtsförmig ermöglichte Nivellierung der sachlichen Qualitäten scheint für die ökonomische Rationalität des Warentausches unverzichtbar zu sein —

48 Vgl. Theunissen ebd.

49 Vgl. Flickinger 1980, S. 35, 76

50 Ebd. S. 35

51 Ebd. S. 33

52 Ebd.

53 Ebd. S. 37

54 Theunissen 1982, S. 350 (ff.)

eine Einsicht, die sich mit der historischen Erfahrung deckt, wonach das bürgerliche Recht mit dem ökonomischen Expansionsdrang des Bürgertums einhergeht."[55]

Die Seite des *Werts,* die Hegel aufgrund seiner Darstellungsform nicht erfassen konnte, legte später *Marx* in seiner Kritik der politischen Ökonomie dar.[56] Ebenso wie der Wille muß auch der Tauschwert von der Seite des Gebrauchs abstrahieren, um als „Sprache" der Marktvergesellschaftung fungieren zu können. Sowohl die „Sprache" des freien Willens als auch die des Äquivalententauschs bringen — verläßt man sie nicht — die Machtstrukturen der materiellen (Re-)Produktion zum Verschwinden.[57] Ökonomische Macht kann sich, weil sie neben Markt und Recht verankert ist, frei entfalten. Was sich zunächst als Widerspruch (Konflikt) zwischen zwei unterschiedlichen „Rationalitäts"prinzipien darstellt (:freier Wille und ökonomisch verankerte Herrschaft), erweist sich auf der Ebene der materialen gesellschaftlichen Reproduktion als Komplementaritätsverhältnis.[58] Da die rechtsförmige Marktvergesellschaftung die Entstehung und den Ausbau ökonomischer Herrschaft ermöglicht (indem sie davon abstrahiert), stehen beide in einem Verweisungs-, wenn nicht Konstitutionszusammenhang.[59]

Exkurs: Dementsprechend können auch die *Theorien* von *Hegel* und *Marx* als in einem Komplementaritätsverhältnis stehend gelesen werden, da sie sich demselben Gegenstand (:der Analyse/Kritik sozialer Herrschaft) von verschiedenen Seiten aus nähern: Hegel von der Logik des Rechtsbegriffs und Marx von der Logik des Wertgesetzes her.[60] Beide Theorien gehen davon aus, daß die Evolution der bürgerlichen Wirtschaftsgesellschaft zu einem irreversiblen Prozeß der *Abstraktion* geführt hat, der den „Rückzug in die Idylle"[61] vorkapitalistischer Verhältnisse abschneidet.[62] Übereinstimmend lokalisieren Hegel und Marx diese Abstraktionsleistung in der Kategorie des *Allgemeinen,* die alle Besonderheiten in sich aufnimmt.[63]

Diametral entgegengesetzt sind allein die Einschätzungen des systematischen und evolutionären Stellenwerts dieses Allgemeinen. Während Marx die durch die Zirkulation gestiftete Allgemeinheit auf den „verborgenen" Widerspruch der Reproduktion des Kapitals zurückführt, siedelt Hegel „die destruktive Bewegung [der bürgerlichen Gesellschaft, R.F.] auf der Oberfläche und die konstruk-

---

[55] Flickinger 1980, S. 35

[56] MEW Bd.23-25; Grundrisse. Vgl. Breuer 1977, S. 33ff.

[57] Zur „strukturellen Affinität" von Recht und Ökonomie vgl. auch Luhmann 1981a, S. 76ff.(79); ders. 1981d, S. 149ff.; dazu Breuer 1987, S. 102f.

[58] Flickinger 1980, S. 99

[59] Ebd. S. 36

[60] Vgl. ebd., S. 20f.

[61] Theunissen 1982, S. 379

[62] Vgl. ebd., S. 372ff.

[63] Vgl. ebd.

tive im Innern", in der Selbstverwirklichung des Geistes hin zu einer an und für sich seienden Allgemeinheit, an.[64] Diese Differenz liegt *zum einen* in unterschiedlichen geschichtstheoretischen Konzeptionen (und daraus folgenden historischen Hoffnungen) beider Autoren begründet: *Marx* sieht aus der Perspektive der vorkapitalistischen Gesellschaft die Entwicklung des Kapitals als einen Prozeß, der alle gewachsenen, „konkreten" Verhältnisse der „Lebenswelt" auflöst und sich einverleibt („Entfremdung").[65] Angesichts der „Selbstbewegung" des Kapitals,[66] das sich den „Mehrwert" der Arbeit zueignet ohne einen adäquaten Lohn zu bieten,[67] erweist sich die bürgerliche Vorstellung des Äquivalententauschs auf dem Markt als bloßer „Schein"[68] und das die Zirkulation begleitende und überhöhende Recht als abgeleitetes „Überbauphänomen". Dem sich tendenziell verabsolutierenden Wert (als „automatischem Subjekt" der Geschichte) setzt Marx die revolutionstheoretische Hoffnung in das Kollektivsubjekt der Arbeiterklasse entgegen.[69]

— Da die vorkapitalistischen Reservoire (mit dem Bewußtsein der Nicht-Entfremdung alles, was sich der Erfassung durch das Kapital entzieht), aus denen sich das Klassenbewußtsein der Arbeiter speisen sollte, mit der zunehmenden „reellen Subsumtion"[70] aller gesellschaftlichen Bereiche unter den Wert versiegen, war jedoch Marx' revolutionäre Hoffnung theoretisch bereits unhaltbar, bevor ihr Scheitern empirisch manifest wurde.[71] Die Fortsetzung dieser Linie der Marxschen Werttheorie (Adorno, Breuer) führt zu der geschichtsphilosophischen These, daß die Vollendung der bürgerlichen Vergesellschaftung, der universell gewordene „Verblendungszusammenhang"[72], den unentrinnbaren *Endpunkt* der abendländischen Geschichte markiere.[73]

Dagegen interpretiert *Hegel* die Evolution der kapitalistischen Wirtschaftsform aus der Perspektive der bürgerlichen Gesellschaft als *einen* (noch im „Negativen" verharrenden) Aspekt einer *allgemeinen* Entwicklung selbstreflexiver („geistförmiger") Prozesse, die mit der Aufklärung einsetzte und die den *Neuanfang* einer modernen Gesellschaft kennzeichnet.[74] Die Allgemeinheit des Marktes und des bürgerlichen Rechts ist damit — in der Fortsetzungslinie einer Philosophie der Aufklärung — wesentlich „Vorschein" auf eine Allgemeinheit

[64] Ebd. S. 375

[65] Grundrisse, S. 79ff.

[66] MEW Bd.23, S. 169

[67] MEW Bd.23, S. 170ff., 192ff.

[68] Grundrisse, S. 449

[69] Manifest, S. 415ff. Sowohl in der Wertlehre als auch in der Revolutionstheorie kehrt Marx damit zu einem Subjektbegriff zurück, „den Hegel überwinden wollte" (Theunissen 1980, S. 483)

[70] Breuer 1977a, S. 42 (ff.)

[71] Breuer 1977a, S. 45ff.

[72] Z.B. Adorno 1975, S. 99

[73] Adorno 1975, S. 15ff.; Breuer 1977a, S. 197ff.; ders. 1987, S. 101

[74] Breuer 1987, S. 101; vgl. Habermas 1985a, S. 26ff.

an und für sich, die die Freiheitshoffnungen der Individuen in sich aufnehmen und institutionell realisieren könnte.

In dieser knappen und vereinfachten Zusammenfassung der „weichenstellenden" Prämissen ist bereits — als *zweiter* Differenzpunkt — die unterschiedliche soziale Extension impliziert, die beide Autoren *selbstreflexiven Prozessen* zumessen: Im Gegensatz zu Hegel, der Selbstreflexion als *universelles* Prinzip sieht, begrenzt Marx die Rückbezüglichkeit-auf-sich auf den Verwertungsprozeß des Kapitals.[75] Um die Subsumtion anderer Sozialbereiche unter das im ökonomischen Sektor waltende Wertgesetz begründen zu können, muß Marx — *drittens* — deshalb auf eine *Kausal*analytik (der — wie immer „dialektischen" — Bestimmung des „Überbaus" durch die „Basis") zurückgreifen, die Hegel mit seiner „vermittelnden" Schluß-Logik bereits hinter sich gelassen hatte.[76] In dieser kann „in keinem Fall ... der durch den Schluß markierte Formaspekt oder die durch ihn konstituierte besondere Wirklichkeit in einem System allein oder auch nur primär als Wirkung eines anderen oder auch aller anderen aufgefaßt werden. Denn Wirkungen können nur zwischen dem Wirklichen und den Typen von Wirklichen eintreten, die ihrerseits aus dem Formverhältnis selbst herzuleiten sind."[77]

b) Die Reduktion auf rechtsförmige Willensbeziehungen

Die Realisation der Freiheitsidee des Willens wird also auf der Stufe des abstrakten Rechts mit der Nichtthematisierung materialer (Herrschafts-) Verhältnisse erkauft. Auch im Rahmen von „Moralität" und „Sittlichkeit" nimmt Hegel den konkurrierenden Herrschaftsanspruch des Rechts gegenüber der ökonomischen Realität ernst, indem er den normativen Begriff des freien Willens dort einzulösen trachtet. Die Verwirklichung des Begriffs scheitert jedoch auch dort, denn das Recht kann seine Grenze, die Fixierung auf rechtsförmige Willensbeziehungen, nicht überschreiten.

Auf der Stufe der *Moralität* zeigt sich, daß durch die vom Rechtsbegriff vorgegebene Eingrenzung auf rechtsförmige Willensbeziehungen der moralische Anspruch, nur das anzuerkennen, was dem subjektiven Willen entspricht, auf die Realisierung des *Rechts* beschränkt ist, also auf diejenigen Inhalte, die vom Recht *thematisiert* werden können:[78] „Seine *Persönlichkeit* [= Rechtsperson, R.F.], als welche der Wille im abstrakten Recht nur ist, hat derselbe so nunmehr zu seinem *Gegenstande;* die so *für sich* unendliche Subjektivität der Freiheit macht das Prinzip des *moralischen Standpunkts* aus" (§ 104). Der moralische Standpunkt gibt dem freien Willen also das Recht, *für sich* selbst zu *fordern,* was er *an sich,* als abstraktes Rechtssubjekt, schon *ist.* Ökonomisch

[75] MEW Bd.23, S. 169; Grundrisse, S. 137: das Geld als das „reale Gemeinwesen"

[76] Vgl. Henrich 1982b, S. 431 ff.

[77] Henrich 1982b, S. 432

[78] Vgl. Flickinger 1980, S. 50f.

unterschiedliche Handlungschancen, die schon in der „Sprache“ des abstrakten Rechts nicht thematisierbar sind, können also auch nicht aus der Perspektive des Rechts der Moralität kritisiert werden.[79] „Das Recht des moralischen Handelns gibt, sofern nur die vorgezeichnete Vernunft des Rechtsbegriffs und deren Reichweite in den Rechtsformen — Besitz, Eigentum, Vertrag — gewährleistet ist, der Ausübung realer Macht eine Rechtfertigung, die sie nachgerade vom Stigma des rechtsrelevant Unmoralischen befreit“.[80] Und umgekehrt gibt der moralische Standpunkt „den sozial Schwachen nur den Anspruch, auch gegen ihre objektiven Interessen die Einhaltung des Rechts zu fordern“.[81]

c) Reziprozität von Rechten und Pflichten

Im Recht der Sittlichkeit sind das subjektive (formelle) Recht der abstrakten Rechtsstufe und der moralische Standpunkt des Sollens aufgehoben in einem *Reziprozitätsverhältnis* von Rechten und Plichten. — „Im abstrakten Recht habe ich das Recht und ein anderer die Pflicht gegen dasselbe, — im Moralischen *soll* nur das Recht meines eigenen Wissens und Wollens sowie meines Wohls mit den Pflichten geeint und objektiv sein “ (§ 155); im Identitätsverhältnis der Sittlichkeit ist das Individuum dagegen *frei,* weil der an und für sich freie Wille nur das will, was bereits ihm gemäße Rechtspflicht ist.[82] Der Mensch hat Pflichten nur, insofern er Rechte hat, und umgekehrt Rechte, insofern Pflichten (§ 155). „Das *Sittliche* ist subjektive Gesinnung, aber des an sich seienden Rechts ...“ (§ 141). — „Die Pflicht ist insofern nicht Beschränkung der Freiheit, sondern nur der Abstraktion derselben, das heißt der Unfreiheit: sie ist das Gelangen zum Wesen, das Gewinnen der affirmativen Freiheit“ (Zusatz zu § 149).

Aber auch die Reziprozität von Rechten und Pflichten im Recht der Sittlichkeit kann die Begrenzung des rechtlichen Diskurses auf *rechtsförmige* Willensbeziehungen nicht durchbrechen; vielmehr *bestätigt* das Recht auf der Stufe der Sittlichkeit diesen Diskurs gerade dadurch, daß die Idee des Rechts — Freiheit — sich hier *verwirklicht* (wenn auch zunächst nur „dem Begriffe nach“ — Zusatz zu § 141 —). Jenseits des Reziprozitätsverhältnisses von Rechten und Pflichten besteht „ein rechtsunfähiger Raum, in dem Vergesellschaftung nach Anerkennungsverhältnissen zufällig bleibt“[83]; auch im Rahmen der Sittlichkeit wird soziale Herrschaft über Sachen und Personen kein *rechtlich* thematisierbares Verhältnis, da Rechtspflichten nur reziprok zu „Rechtsrechten“ stehen können.

Nach dieser Analytik der Sittlichkeit müßte Hegel das Programm des bürgerlichen Rechts, zwischen Individuum und gesellschaftlicher „Systemwelt“

---

[79] Vgl. ebd., S. 56

[80] Ebd.

[81] Ebd., S. 57

[82] Vgl. Haller 1981, S. 120, 123

[83] Flickinger 1980, S. 65

eine gelungene Vermittlung zu leisten, insgesamt als nicht realisierbar, als „Selbstüberschätzung"[84] ansehen.

Hegel teilt diese Einschätzung für die bestehende *„bürgerliche Gesellschaft"*, projiziert aber dennoch eine Verwirklichung des Freiheitsbegriffs auf den zukünftigen (?) Horizont eines idealen *„Staates"*.

Die „Erscheinungswelt des Sittlichen" (§ 181), die *bürgerliche Gesellschaft*, ist geprägt von einem *„Verlust der Sittlichkeit"* (ebd.), da in ihr Allgemeines und Besonderes auseinandergetreten, entzweit sind.

Die *Besonderheiten* der Individuen — ihre individuellen Interessen und Bedürfnisse — haben in der bürgerlichen Gesellschaft das Recht, „sich nach allen Seiten zu entwickeln und zu ergehen" (§ 184); da aber jeder nur sich selbst Zweck ist (Zusatz zu § 182), kann durch eine Beziehung auf andere Besonderheiten nur eine *formelle* Allgemeinheit (§ 182) entstehen: Im Rahmen der bürgerlichen *Marktverfassung* gibt sich „der besondere Zweck ... durch die Beziehung auf andere die Form der Allgemeinheit und befriedigt sich, indem er zugleich das Wohl des anderen mit befriedigt" (Zusatz zu § 182). Dieses „System allseitiger Abhängigkeit" (§ 183) ist bloßer „Not- und Verstandesstaat"; „äußerer Staat" (ebd.), der im Kern nicht mehr und nichts anderes ist als die bürgerliche Gesellschaft selbst (Zusatz zu § 182). Aus der Perspektive des Rechts stellt sich die in der bürgerlichen Gesellschaft verwirklichte formelle Allgemeinheit als die Stufe des *abstrakten* Rechts dar (§ 229). Das abstrakte Recht und das daraus hervorgehende Staats-„Subjekt" sind damit fungible Form und Rahmenbedingung für die Verwirklichung *partikularer* Interessen: Die Allgemeinheit erweist sich „als Grund und notwendige Form der Besonderheit sowie als die Macht über sie und ihren letzten Zweck"(§ 184). Das Recht der bürgerlichen Gesellschaft bezieht sich eben „nur auf die Beschützung dessen, was ich habe; dem Rechte als solchen ist das Wohl ein Äußerliches" (Zusatz zu § 229).

Um die Normativität der Vernunft des freien Willens zu retten, muß Hegel deshalb zugleich daran festhalten, daß die Allgemeinheit der bürgerlichen Gesellschaft neben dem („schlechten") Schein der Vernünftigkeit ebenso der („wesentliche") (Vor-)Schein einer „substantiellen", d.h. auf Anerkennungsverhältnissen gegründeten Allgemeinheit ist (vgl. § 181).[85] — „Der Not- und Verstandesstaat *ist* Ausdruck bürgerlicher Freiheitsrechte, aber zugleich nicht das, was das Recht in Wahrheit als Freiheitsidee verwirklichen will."[86]

d) Jenseits von „Not- und Verstandesstaat" und „abstraktem Recht": Hegels Behauptung einer Synthese im „Staat"

Die Wirklichkeit der sittlichen Idee (§ 257) ist für Hegel der *Staat*, die „sich durchdringende Einheit der Allgemeinheit und der Einzelheit" als „Einheit der

[84] Ebd., S. 82

[85] Vgl. Flickinger 1980, S. 75f., 82; Theunissen 1982, S. 374f.

[86] Flickinger 1980, S. 93

objektiven Freiheit ... und der subjektiven Freiheit“, das „an und für sich *Vernünftige*“ (§ 258).

Der Staat ist dies jedoch zunächst nur in seinem „*gedachten Begriffe*“, d.h. für die philosophische Betrachtung (ebd.). Hegel macht deutlich, daß die *logische* Entwicklung der Idee keine Aussage über *historisch* vorhandene Staatswesen begründen kann (ebd.) — obgleich ein realer Staat („wenn er namentlich zu den ausgebildeten unserer Zeit gehört“ — Zusatz zu § 258) „die wesentlichen Momente seiner Existenz in sich“ hat (ebd.). Denn „*wirklich*“ ist für Hegel nur das, was „*vernünftig*“ ist, d.h. was der *Idee* entspricht (Vorrede S. 24f.); das ihr widersprechende reale Dasein erweist sich im Lichte der Vernunft als „unwirklich“.

In Hegels Staatsbegriff sind also sowohl affirmative als auch kritische Elemente „aufgehoben“.[87] Ist im von der Darstellungslogik beschriebenen idealen Staat die Idee der Freiheit in der sittlichen Identität von Rechten und Pflichten bereits vollendet, wird auf dieser Hintergrundfolie zugleich umso deutlicher, daß der reale „Not- und Verstandesstaat“ der bürgerlichen Gesellschaft lediglich auf das bestehende „abstrakte“ Recht bezogen ist und somit nur eine formelle Allgemeinheit herstellen kann. Auch das *Staatsrecht* der bürgerlichen Gesellschaft bleibt auf das bürgerliche Recht als „*Vermögensrecht*“ fixiert; der Staat „muß sich die bürgerliche Gesellschaft als politische Unvernunft zurechnen, ohne sie beseitigen zu können“.[88] Die Dialektik des Rechtsstaats, der beide Momente in sich trägt; der „Vernunftinstanz der Gesellschaft und damit bedingungslos dem Recht verpflichtet“ und zugleich „alternative Vernunft gegenüber der Unvernunft der bürgerlichen Gesellschaft“ ist[89], löst sich im bestehenden bürgerlichen Staat durch die komplementäre Fixierung der „Vernunft“ auf das Recht auf: Anerkennungsbeziehungen, die nicht als rechtsförmige Willensbeziehungen thematisiert werden können, bleiben unberücksichtigt.

Weder „Polizei“ noch „Korporationen“, die nach Hegel in der bürgerlichen Gesellschaft die Allgemeinheit repräsentieren, können über die bloß formelle Allgemeinheit des abstrakten Rechts hinaus (§§ 249, 256); dasselbe gilt für die „Rechtspflege“ (§§ 209,229, 230).[90]

Dagegen wird anhand der Analyse der *Familie* deutlich, daß real existierende „*sittliche*“ Institutionen *vorrechtlichen* Charakter haben.[91] Im Rahmen der Familie sind die Individuen nicht Rechtssubjekte, sondern Mitglieder einer nicht rechtlich konstituierten Einheit (§§ 158, 159). *Anerkennungsverhältnisse* sind deshalb innerhalb der Familie nicht in Form von *Willensbeziehungen* vorhanden

---

[87] Vgl. Flickinger 1980, S. 104

[88] Ebd., S. 107

[89] Ebd., S. 105

[90] Hierzu vgl. Flickinger ebd., S. 85ff.; Theunissen 1982, S. 380

[91] Vgl. Flickinger ebd., S. 71f.

(dies ist erst bei der „Auflösung" der Familie der Fall, § 159), sondern als *Liebe*, die *„empfindende* Einheit", *„unmittelbare Substantialität* des Geistes"(§ 158) ist. Aber auch diese durch Liebe gebildete Einheit (der Familie) erweist sich auf dem Hintergrund der bürgerlichen Gesellschaft als nicht tragfähig. Das *Recht* allein erhebt dort den Anspruch, Anerkennungsstrukturen zu repräsentieren, indem es sich als Allgemeinheit darstellt. Das „zunächst" unmittelbar Erste und Identische, die sittliche Einheit der Familie, erweist sich „jetzt" als „Schein" (Zusatz zu § 181), da durch die Allgemeinheit des Rechts — „welche eigentlich die letzte Macht über mich behält" (ebd.) — die Familie zur bloßen Besonderheit wird. Aus der Perspektive des Rechts verwandelt sich die „unmittelbare Einheit" in ein *rechtlich konstituiertes* Verhältnis, dessen zugrundeliegende Willensstrukturen allerdings nur bei Eingehung bzw. Auflösung der Ehe/Familie sichtbar werden (§§ 163, 159). Während der Ehe wird der „Vertragsstandpunkt" „aufgehoben" (§ 163)[92], so daß der familiäre Innenraum als rechtsfreies Gebilde erscheint.[93]

Hegel kann aufgrund seines Darstellungsverfahrens, das im Begriff des Staates voraussetzt, was noch nicht verwirklicht ist, nicht mehr angeben, wie ein idealer Sittlichkeit entsprechender „positiver Freiheitsbegriff"[94] *realisierbar* wäre.[95] Die Teleologie der „Vernunft" bringt dieses Problem zum Verschwinden, denn die „Idee" „enthält" neben dem „Begriff" auch bereits dessen „Verwirklichung". Der „absolute Geist", der „den Willen zur Wirklichkeit und diese zur Idee vermittelt"[96], ist für die Entfaltung des Rechts von der Philosophie immer schon vorgegeben.[97] Diese normative „Überdetermination" der Realität führt zu der bloßen *Behauptung* einer möglichen Synthese; was erst zu zeigen wäre, wird *vorausgesetzt*.[98] Nähme man Hegels Darstellungslogik auch in Bezug auf diesen „Schlußstein", den normativen Begriff der absoluten Vernunft, beim Wort, so wäre die Konsequenz eine „Entschärfung"[99] der vorangegangenen Kritik des realen bürgerlichen Staates: „Die Probleme der Zeit verlieren den Rang von Provokationen, weil ihnen die Philosophie, die auf der Höhe der Zeit ist, ihre Bedeutung genommen hat".[100]

Die normativ angeleitete Unterstellung einer Synthese im Staat hat zur Folge, daß die behauptete Reziprozität von Rechten und Pflichten ebenfalls nur bei einer schon *vorausgesetzten* sittlichen Einrichtung der Gesellschaft als Funktionsmechanismus des Rechts denkbar wäre. „Unterhalb" dieser (ungewissen und zukünftigen) Verwirklichungsschwelle (also im Rahmen *gegenwärtiger*

---

[92] Anders als Kant will Hegel die Ehe selbst *nicht* als *Vertrag* sehen; §§ 75, 163

[93] Vgl. Flickinger 1980, S. 71

[94] Alexy 1985, S. 197

[95] Hierzu vgl. Haller 1981, S. 124; Theunissen 1982, S. 376ff.

[96] Haller 1981, S. 92

[97] Vgl. ebd. (S.91 f.)

[98] Vgl. Habermas 1985a, S. 35, 52; Haller 1981, S. 23

[99] Habermas 1985a, S. 56f.

[100] Ebd. S. 56

Geschichte) deutet die Beschreibung des Rechts- (Freiheits-)Begriffs der „Sittlichkeit" eher auf eine Wiederherstellung konkreter Reziprozitäten hin, wie sie die traditionelle, auf „Gerechtigkeit" hin orientierte ius-Semantik beinhaltete, *bevor* mit der Ausdifferenzierung des subjektiven Rechts (als „Anspruch") solche Reziprozitäten zu Komplementaritäten „verdünnt" wurden.[101]

Hegel braucht sich diesem Problem nicht zu stellen, weil er die Lösung in eine Über-(Meta-)Subjektivität des idealen Staates verlagert, welche sich aus der Vermittlung von Individuen und Gesellschaft nach dem Modell der Selbstreferenz eines *Subjekts* ergibt.[102] „Denn ein Subjekt, das sich erkennend auf sich bezieht, findet sich gleichzeitig vor als ein *allgemeines* Subjekt, das der Welt als der Gesamtheit von Gegenständen möglicher Erkenntnis gegenübersteht, und als ein *individuelles* Ich, das innerhalb dieser Welt als eine unter vielen anderen Entitäten vorkommt. Wenn nun das Absolute als unendliche Subjektivität gedacht wird ..., können die Momente des Allgemeinen und des Einzelnen nur im Bezugsrahmen der monologischen Selbsterkenntnis als vereinigt gedacht werden: im konkreten Allgemeinen behält deshalb das Subjekt als allgemeines Vorrang vor dem Subjekt als einzelnem."[103] Hegel versucht, die „Entzweiung der Moderne"[104] zu überwinden, indem er auf aristotelische Sittlichkeitshoffnungen zurückgreift, *ohne* damit die Gründung neuzeitlicher Gesellschaftlichkeit auf der Reflexionskategorie aufgeben zu wollen.[105] Durch die Fassung des Rechtsbegriffs als Stiftungsprinzip von Vernunft, das „die Welt mit ihrer eigenen Idee versöhnt"[106], wird Hegels Rechtstheorie am Ende doch zur „Natur"-rechtslehre, die um der Idee der Versöhnung willen ihre eigenen kritischen Einsichten hinter sich läßt. In der Konstruktion der Rechtsphilosophie ist der Preis hierfür die „Übersubjektivität" des (idealen) Staates. Von diesem „eschatologischen"[107] „Endpunkt" aus kehrt sich die ursprünglich beabsichtigte Vermittlung von Einzelnem und Gesellschaft durch das dem Subjekt innewohnende Freiheitsprinzip um in eine Dominanz der Institutionen der „Allgemeinheit"[108]: Hegel definiert den Rechtsbegriff „in der Allgemeinheit

---

[101] Hierzu Luhmann 1981a, S. 68ff.(72)

[102] Vgl. Habermas 1985a, S. 53; Ladeur 1978, S. 103ff.; Henrich 1982b, S. 448ff.

[103] Habermas 1985a, S. 53; vgl. Henrich, Einleitung zu Hegel 1983, S. 31; Haller 1981, S. 121; Luhmann 1981a, S. 67

[104] Habermas 1985a, S. 55

[105] Vgl. Habermas 1985a, S. 50ff.; Breuer 1983, S. 530

[106] Haller 1981, S. 92

[107] Theunissen 1982, S. 374, 376

[108] Vgl. Henrich, Einleitung zu Hegel 1983, S. 31: „...Hegels Theorie ist die eines *starken* Institutionalismus ..."; vgl. Henrich 1982b, S. 449. Henrich weist zugleich auf *unterschiedliche* Staatsbegriffe Hegels hin: Während in der *Enzyklopädie* Hegels Staatslehre noch als Freiheitslehre erscheine (und damit mit der Hegelschen Schluß-Logik übereinstimme), der gemäß der Staat „verwirklichte Subjektivität" sei, so daß „die Logik seiner Institutionen nicht nur deren Form entspricht, sondern von dieser Subjektivität getragen und bestätigt werden muß" (1982b, S. 448), trete der Staat der *Rechtsphilosophie* in „wirkliche

verstaatlichter Freiheit ..., ohne umgekehrt zu fragen, wie der Freiheitsbegriff in der Sphäre des Rechts vergesellschaftet und materialisiert werden könne".[109]

Auch ohne weitere Ausführungen dürfte es evident sein, daß Hegels spekulative Hoffnungen für die heutige Arbeit an rechtstheoretischen Fragen nicht mehr sinnvoll berücksichtigt werden können. Mit der „Vollpositivierung" des Rechts im 19. Jahrhundert war das Festhalten an „Naturrecht" unmöglich geworden.[110] Schon für seine Zeit fällt Hegel hier hinter die ansonsten von ihm erreichte Präzision seiner Analyse zurück, denn „mit dem Abschluß der Ausdifferenzierung des politischen Systems wird es ... zugleich untragbar, das Ausdifferenzierte in der Figur des Staates als das Allgemeine zu hypostasieren".[111]

Die Einwände gegenüber Hegels normativem *Programm* bringen jedoch keineswegs Hegels *Analyse* des Rechtsbegriffs der bürgerlichen Gesellschaft zu Fall, denn jenes läßt sich nicht zwingend aus dieser ableiten.[112] Von Reflexivität als *dem* neuzeitlichen Selbstregelungsprinzip ausgehend, löst Hegel das Problem einer „Selbstvergewisserung der Moderne" schließlich — wie Habermas ironisch formuliert — „*zu gut*", indem die Vernunft „nun den Platz des Schicksals eingenommen (hat)".[113]

Eine *Theorie der Selbstreferenz*, die auf die Prämisse des „Subjekts" verzichtet, könnte daher geeignet sein, Hegels Ansatz aufzunehmen und fortzuführen, ohne zugleich seine Teleologie der Vernunft übernehmen zu müssen. Die Abstraktionsleistung der bürgerlichen Gesellschaft, die zu einer Rationalisierung gesellschaftlicher Systeme und damit zu einer irreversiblen Auflösung der „natürlichen" Verhaftetheit der voraufklärerischen Epoche geführt hat[114], könnte so zugleich „aufgehoben" und durch die Aufgabe der „Subjekt"-Metapher in eine theoretische Fassung gebracht werden, die in ihrer „Abstraktionshöhe"[115] ihrem Gegenstand entspricht. Von Hegel wäre die These einer universellen Selbstreferenz zu übernehmen, die dazu zwingt, von kausalanalytischen Annahmen Abstand zu nehmen (Kapitel 2.II).

Historischer Hintergrund für eine derartige gewandelte „Selbstbeschreibung" des Rechts sind die sozialökonomischen Veränderungen seit (spätestens) der Mitte des 19. Jahrhunderts, die es nahelegen, alle Varianten von „Externalisierungen" aufzugeben (Kapitel 2.I).

Formkonkurrenz zu der freien Subjektivität" (ebd., S. 449). Die Institutionen gewönnen damit „eine Stellung und Bedeutung, die durch eine Rechtfertigung aus Gründen der Darstellungsmethode allein nicht zu erklären ist"(ebd.).

[109] Haller 1981, S. 244

[110] Luhmann 1981d, S. 122ff.

[111] Luhmann 1981a, S. 67

[112] Vgl. Habermas 1985a, S. 52f.

[113] Ebd., S. 55

[114] Vgl. Habermas 1981 II, S. 449ff.

[115] Vgl. Luhmann 1984a, S. 12ff.

Erst unter diesen neuen theoretischen Voraussetzungen kann der von Hegel dem Recht unterstellte *Anspruch* weiterverfolgt werden, der dann zwar nicht mehr emphatisch „Vermittlung von Individuum und Gesellschaft qua Freiheit" heißen mag, der aber in Gestalt der Frage nach der Möglichkeit des Rechts, über seine ursprüngliche Begrenzung auf Vermögensrecht hinaus Inhalte zu thematisieren, bestehen bleibt (Kapitel 3-5).

2. Kapitel

Zur Transformation der Rechtskategorie seit dem 19. Jahrhundert

I. Die „Internalisierung" des Subjekts[1]

Schon im 19. Jahrhundert gerät allmählich in Vergessenheit, daß das Subjekt ursprünglich „sein" Recht selbst be-gründen sollte.[2] Der „Anspruch des Subjekts, Rechtsquelle eigener Art zu sein"[3], verwandelt sich in die Definition des subjektiven Rechts als „Zuweisung" durch Normen des objektiven Rechts (seit v.Jhering: „rechtlich geschütztes Interesse"[4]).[5]

Das Subjekt als ehemals „transzendentale" Rechtsquelle wird damit Stufe für Stufe „internalisiert"[6]: was als Eigentätigkeit des Subjekts gedacht war, erscheint zuletzt als Ausfluß der objektiven Rechtsordnung.[7]

Unter Beibehaltung der Form des subjektiven Rechts führte die Evolution des Rechtssystems zunächst zum Stadium der *„Materialisierung"* des bürgerlichen „Formalrechts" und vollzog dadurch den Strukturwandel des Ökonomie*modells* der „Gesellschaft der Kleinwarenproduzenten"[8] zum „organisierten Kapitalismus"[9] nach. Die deutsche *Wirklichkeit* hatte auch in der ersten Hälfte des neunzehnten Jahrhunderts die liberalen Modellbedingungen „keineswegs erfüllt".[10] Auf dem Hintergrund der Umwandlung „einer nachabsolutistischen, agrarkapitalistischen Gesellschaft zum autoritär-staatlichen, organisiert-kapitalistischen reichsdeutschen Wohlfahrtsstaat"[11] in der zweiten Hälfte des Jahrhunderts läßt sich vielmehr feststellen, daß sich die bürgerliche Gesellschaft in Deutschland „immer schon als spätbürgerliche, die kapitalistische Produktionsweise immer schon als organisierter Kapitalismus" konstituierte:[12]

---

[1] Vgl. die gleichlautende Arbeit von Preuß (1979)

[2] Vgl. Luhmann 1981a, S. 80ff., 90

[3] Ebd. S. 65

[4] Vgl. Ogorek 1986, S. 221ff.

[5] Vgl. Luhmann 1981a, S. 91

[6] Preuß 1979, S. 31f.

[7] Luhmann 1981a, S. 91, 102

[8] Habermas 1971, S. 94ff., 101ff. (109)

[9] Brüggemeier 1977/ 79

[10] Habermas 1971, S. 109

[11] Brüggemeier 1977, S. 18f.

[12] Ebd. S. 18

„... deutsches bürgerliches Recht war von Anbeginn an Privatrecht ohne Privatrechtsgesellschaft."[13]

Im 1896 verabschiedeten Bürgerlichen Gesetzbuch für das Deutsche Reich — dem „spätgeborene(n) Kind des klassischen Liberalismus"[14] — war die Partikularität der Allgemeinheit des Rechts nicht mehr zu verleugnen, wenn auch die eingesickerten „Tropfen sozialistischen Oeles"[15] sich noch als traditionell überkommene Ausnahmen vom Allgemeinen darstellen konnten (etwa: §§ 616-619 im Verhältnis zu §§ 145ff.).[16]

Für die aufgrund der Inkongruenz von Wirtschafts- und Privatrechtsordnung notwendig werdende „Materialisierung" des Rechts mußten sowohl die transzendentale Kategorie des „freien Willens" als auch das vorausgesetzte soziale Modellsubstrat des „Marktbürgers" „empirisch" rekonstruiert werden. Aus der Autonomie kraft Willens wird der gemäß bestimmter inhaltlicher (politisch-ideologischer) Vorstellungen „richtig eingerichtete" Konsument, Gewerbetreibende, Mieter, Reisende etc. Der Versuch kann als Fortsetzung des liberalen Modells mit anderen Mitteln gekennzeichnet werden: Ausgehend von der Vorstellung der Zirkulationssphäre als Ordnungszusammenhang „über" den Individuen muß das politisch-administrative Recht überall dort steuernd eingreifen, wo der Markt seine regulierende Funktion verloren hat. Gegenüber machtbedingten Marktungleichgewichten kann das Recht den „Schwachen" (im Kern: den Verbraucher) schützen und dadurch, wenn nicht „Gleichgewichte" wiederherstellen, so doch zumindest eine Rahmenordnung schaffen, innerhalb derer die „empirischen Rechtssubjekte" sich so verhalten müssen, „als ob" ein Wettbewerbsgleichgewicht bestünde. — Man kann auch von einer „Rekontextualisierung"[17] des Privatrechts sprechen: Nachdem die „liberalen" Ökonomie(modell-)bedingungen als notwendiger Kontext des bürgerlichen Rechts erkannt worden sind, geht es angesichts der gewandelten ökonomischen „Umwelt" um eine Anpassung des Rechts hieran, um die ursprüngliche Vorstellung von Gleichheit und Freiheit aufrechterhalten zu können.

Während im liberalen Modell Wirtschaftsrecht mit bürgerlichem Formalrecht als Privatrecht *identifiziert* werden konnte, beginnt bereits gegen Ende des neunzehnten Jahrhunderts die Ausdifferenzierung des *Wirtschaftsrechts* als eigenständigem Rechtsgebiet.[18] Mit „großem" und „kleinen" *Wettbewerbsrecht*[19] werden im zwanzigsten Jahrhundert die Rahmenbedingungen für „funktionsfähige" Märkte fixiert. Alle „*Sonderprivatrechte*"[20] reagieren auf die

---

[13] Ebd.

[14] Wieacker 1974, S. 22

[15] Gierke 1889, S. 13

[16] Hierzu vgl. etwa Wieacker 1974, S. 22f.

[17] K.Günther 1984

[18] Vgl. z.B. Wiethölter 1974b; Hart 1976; Assmann 1980, S. 161ff. (168)

[19] Gesetz gegen den unlauteren Wettbewerb vom 27.5.1896; Gesetz gegen Wettbewerbsbeschränkungen vom 27.7.1957

Änderung der wirtschaftlichen Rahmenbedingungen, indem sie das allgemeine bürgerliche Formalrecht durch materialisierende Anpassung an je besondere Bereiche „rekontextualisieren“.

Das „materialisierte“ Recht (am deutlichsten wohl das „Verbraucherschutz“recht im engeren Sinne[21]) setzt die „Internalisierung“ des Subjekts schon voraus: Der „freie Wille“ kehrt wieder als *politisch-rechtliche Gestaltungskategorie*, und als wahres „‚Subjekt‘ der subjektiven Rechte“ erweist sich die „Finalität der Programme“ des Wohlfahrtsstaats.[22]
Daß die Individuen möglicherweise „von ihren Rechten nichts wissen“[23] wird dann zum Anlaß, durch „sekundäre Modellierungen“ einen „Willen“ erst herzustellen (etwa bei Vertragsauslegungen aller Art bis hin zur „ergänzenden“ Vertragsauslegung) — sofern nicht Programme des objektiven Rechts die Rückführung auf den „Willen“ eines „Subjekts“ bereits entbehrlich erscheinen lassen. Die Beteiligten an einem Rechtsstreit bekommen dann im günstigsten Fall genau das, was sie „eigentlich“ „wollten“, obwohl sie von diesem rechtserheblichen „Willen“ nichts zu wissen brauchten. Das subjektive Recht wird „gewissermaßen nochmals abstrahiert zur rechtstechnischen Form für das Anbringen von Bedingungen, die den eigentlichen sozialpolitischen Sinn der Rechtsgewähr realisieren“[24]; mit anderen Worten: das „Subjekt“ hat jetzt den Stellenwert einer „operativ notwendigen *Fiktion*“[25] im politisch-rechtlichen Prozeß.

Die Abkehr vom „transzendentalen“ Modell des „freien Willens“ hinterläßt ein doppeltes Problem: Zum einen die „ideologische oder sozialpolitische“[26] Legitimation rechtlicher „Materialisierungs“progamme angesichts einer „pluralisierten“ Gesellschaft, zum zweiten die Rechtfertigung der ins Empirische gewendeten Figur des Rechtssubjekts, die sich zwar als Fiktion erwiesen hat, dennoch aber zunächst als unverzichtbar für die juristische Technik erscheint.[27] Diese vom „idealistischen“ Paradigma hinterlassenen Folgeprobleme lassen sich rechtstheoretisch nur lösen, wenn sich mit der Einsicht, daß die Suche nach einer „Vermittlung“ von Einzelnem und Gesellschaft nicht ausgerechnet als „Subjekt“ bezeichnet werden muß, auch die Fragestellung verändert. Das „subjektive Recht“ war *eine* Möglichkeit, den (noch nicht erfüllten) *Anspruch*

---

[20] Vgl. dazu Wiethölter 1982a

[21] An Gesetzestexten vgl.: Gesetz betreffend die Abzahlungsgeschäfte vom 16.5.1894; Gesetz zur Regelung der Miethöhe vom 18.12.1974; Gesetz zur Regelung des Rechts der allgemeinen Geschäftsbedingungen vom 9.12.1976; Gesetz über den Widerruf von Haustürgeschäften und ähnlichen Geschäften vom 16.1.1986.

[22] Luhmann 1981a, S. 89

[23] Ebd.

[24] Ebd.

[25] Ebd. S. 90 (Hervorhebung vom Verf.)

[26] Ebd. S. 68

[27] Vgl. Preuß 1979, S. 201

der Individuen auf Teilnahme an der Sozialordnung zu formulieren: „Daß es um subjektive *Rechte* (und nicht Pflichten) geht, symbolisiert, daß Inklusion aller in alle Funktionsbereiche ein noch unerfülltes Desiderat ist und daß die neu sich entwickelnde Ordnung die für sie nötigen Teilnahmegarantien noch nachzuliefern hat".[28]

Eine Rechtssemantik, die auf den Begriff des Subjekts verzichtet, müßte zugleich die Frage nach einer solchen Teilnahme *direkt* thematisieren.[29]

Im folgenden soll dargelegt werden, daß ein Ansatzpunkt für eine derartige Rekonstruktion der Rechtskategorie in einer *Theorie selbstreferentieller Systeme* gefunden werden kann, die in Anknüpfung an die Hegelsche Reflexionsphilosophie Selbstbezüglichkeit zum universellen Prinzip bestimmt.

II. Eine neue Selbstbeschreibung: das Recht als selbstreferentielles („autopoietisches") System

Bereits Hegel hatte an der Vorstellung, das Bewußtsein des (transzendentalen) Subjekts sei Ursprung und Mittelpunkt der Erkenntnis und des Handelns, Kritik geübt. Nach seiner Theorie ist „Subjektivität" der „absolute Geist" und damit — wie wir gesehen haben — das selbstreferentielle Prozedieren *als solches,* an dem das menschliche Bewußtsein nur als ein Moment teilhat. Schon bei Hegel kann man deshalb fragen, weshalb der selbstreferentielle Prozeß noch als „Subjekt" (oder „Geist") bezeichnet werden sollte.[30]

Durch eine Umstellung der Semantik auf „Selbstreferenz" ist es nicht mehr notwendig, auf das *Bild* eines „Geistes" oder sonstigen „Subjekts" der Selbstreproduktion zurückzugreifen.[31] Zumindest würde das Festhalten an einer solchen Metaphorik gekünstelt wirken: man müßte dann sagen, sinnhafte Selbstreferenz sei das Subjekt, oder es gebe Bewußtsein und andere Subjektarten.[32]

Der bisher avancierteste Versuch, den Begriff der Selbstreferenz von seinem theoriegeschichtlichen Ursprung im „Subjekt" zu lösen, liegt in Gestalt der Theorie *selbstreferentieller (oder: autopoietischer)*[33] *Systeme* vor.[34]

---

[28] Luhmann 1981a, S. 84

[29] Ebenso Luhmann ebd., S. 99

[30] Vgl. Habermas 1985a, S. 46

[31] Hierzu auch Podak 1984, S. 733 ff. (740)

[32] Luhmann 1984a, S. 595; vgl. auch G.Günther 1976 ff. III, S. 80 f.

[33] Auf die unterschiedlichen Implikationen von „Selbstreferenz" und „Autopoiese" soll später zurückgekommen werden; unten Kap.4 (insbes. II.4)

[34] Vgl. Maturana und Varela in Maturana und Varela 1980, S. 73 ff. (zum Begriff der Autopoiesis auch Maturana ebd., S. XVII); Luhmann 1984a sowie die gelungene Zusammenfassung hiervon bei Willke 1987, S. 247 ff.; Teubner 1985b und 1987; Deggau 1985a und 1988. Zum Ursprung und der Entwicklung der Systemtheorie vgl. auch S. Schmidt in ders. 1987, S. 21 ff.; Krohn/ Küppers/ Paslack ebd. S. 441 ff.; Dupuy 1988, S. 51 ff.

Danach[35] ist Selbstreferenz immer dann gegeben, wenn ein *Selbst* „(sei es als Element[36], als Prozeß[37] oder als System[38])[39] durch es selbst identifiziert und gegen anderes different gesetzt werden kann“.[40] „*Referieren*“ ist dabei eine „Operation ..., die aus den Elementen der Unterscheidung und der Bezeichnung ... besteht“.[41]

Wird eine Unterscheidung „zur Bezeichnung der einen (also: nicht der anderen) Seite“[42] verwendet, liegt ein *Beobachten* vor (die Unterscheidung wird „zur Gewinnung von Informationen über das Bezeichnete benutzt“[43]). Ein Spezialfall des Beobachtens ist das *Beschreiben:* die „Anfertigung eines ‚Textes‘ (eines Artefakts, eines ‚scripts‘ etc.) auf Grund von Beobachtungen“.[44]

Von Beobachtung und Beschreibung zu unterscheiden ist ein Referieren auf der „operativen Ebene“[45] des Selbst, nämlich hinsichtlich der „Produktions-“ formen[46] *Selbstkonstitution* und *Selbstreproduktion (Autopoiese)*.[47] Beispiele hierfür sind Leben, Bewußtsein und Kommunikation.[48]

Selbstreferenz kann also je nach Art des „Selbst“ und des „Referierens“ unterschiedlich ausgeprägt sein.[49] Das *Bewußtsein* des Menschen, das theoriegeschichtlich das Modell für Selbstreferentialität abgab und zum „Subjekt“ hypostasiert wurde (das „Objekten“ gegenüberstand), hat damit seine Sonderstellung als ausschließliche oder privilegierte Form von Selbstreferenz eingebüßt.[50] *Soziale* Selbstreferenz läßt sich nicht mehr auf Bewußtseinssubjek-

---

[35] Sofern nicht Probleme im Rahmen dieser Arbeit betroffen sind, soll auf die Darstellung von Differenzen zwischen einzelnen Autoren verzichtet und versucht werden, eine modellhafte Beschreibung der Theorie selbstreferentieller Systeme zugrundezulegen, die im wesentlichen an die Luhmannsche Ausarbeitung anknüpft.

[36] Hierzu Luhmann 1984a, S. 43, 61

[37] Vgl. ebd., S. 73f., 482ff.

[38] Vgl. ebd., S. 15ff.

[39] Teubner 1987a, S. 98 nennt als mögliche zusätzliche Formen eines „Selbst“: Struktur, Grenze, Umwelt, Funktion

[40] Luhmann 1984a, S. 26; vgl. Deggau 1985a, S. 6; Teubner 1987a, S. 97f.

[41] Luhmann 1984a, S. 596

[42] Luhmann 1987b, S. 311

[43] Luhmann 1984a, S. 596f.; vgl. ders. 1986g, S. 229f.

[44] Luhmann 1987b, S. 311

[45] Luhmann 1984a, S. 67

[46] Ebd. S. 40

[47] Vgl. Teubner 1987a, S. 100ff.; Luhmann 1984a, S. 61. Die *Verhältnisbestimmung* von Beobachtung/Beschreibung und Autopoiese bleibt allerdings ein noch ungelöstes Problem, insbesondere angesichts der Tatsache, daß „die Beobachtung selbst eine autopoietische Operation, im Falle sozialer Systeme also Kommunikation ist“ (Luhmann 1987b, S. 316; vgl. S.317f.)

[48] Luhmann 1986g, S. 266

[49] Luhmann 1984a, S. 59; vgl. Teubner 1987a, S. 97f.

[50] Zur „Autopoiesis des Bewußtseins“ vgl. ausführlich Luhmann 1985a

te als „Zugrundeliegendes" *zurückführen* (wenngleich Bewußtsein — wie auch das menschliche Leben — natürlich eine Voraussetzung für soziale Erscheinungen darstellt).[51] Vielmehr haben sich von biologischen und psychischen Substraten „unabhängige" soziale Systeme ausdifferenziert, die sich durch *Kommunikation* (als „Synthese aus Information, Mitteilung und Verstehen"[52]) selbstreferentiell reproduzieren.[53] Zu diesen sozialen Systemen gehören neben dem Recht die Ökonomie, die Politik, die Wissenschaft, die Religion und die Erziehung.[54]

1. Identität und Differenz

Der *Systembegriff* soll nach Luhmann nicht die Dichotomie von Allgemeinem und Besonderem ersetzen (können), sondern die historisch frühere Differenz von „Ganzem und Teil" aufgreifen.[55] Diese wurde im *ersten Stadium* der Systemtheorie („Strukturfunktionalismus") in die Unterscheidung von „System und Umwelt" umgeformt (:„umweltoffene" Systeme).[56] Im „System" konnte so das Verhältnis von „Ganzem" (das „mehr" war als die Summe seiner Teile, andererseits aber auch nur aus allen Teilen „bestand") und „Teilen" (von denen unklar war, wie sie zur „Ganzheit" werden konnten) in einer neuen „Einheit" „aufgehoben" werden.[57] Ein System entsteht in dieser Version durch Ausdifferenzierung von „operativ verwendbaren System-Umwelt-Differenzen".[58] Auf der Stabilisierung dieser „Innen/Außen-Differenz"[59] beruht die Einheit des offenen Systems, und Bestandserhaltung heißt dann, das Komplexitätsgefälle zur Umwelt aufrechtzuerhalten. Das Verhältnis von „Ganzem und Teil" kehrt wieder als „Systemdifferenzierung"[60]: soziale Teilsysteme übernehmen spezifische, ihrer gesamtgesellschaftlichen Funktion entsprechende Leistungen für andere Teilsysteme.

Im *zweiten Stadium* wird die Systemtheorie zur „Theorie selbstreferentieller Systeme" weiterentwickelt. Aus „umweltoffenen" werden rekursiv in sich *geschlossene* Systeme, die sich nur durch ihren Selbstbezug ausdifferenzieren und nur durch ihre Geschlossenheit Offenheit herstellen können.[61] Dem liegt die

---

[51] Luhmann 1984a, S. 234, 367

[52] Luhmann 1983b, S. 135

[53] Luhmann 1984a, S. 234, 367; zur „Kommunikation" vgl. unten Kap.4.III

[54] Vgl. z.B. die entsprechenden Kapitel in Luhmann 1986g

[55] Luhmann 1984a, S. 20ff.

[56] Vgl. ebd., S. 22

[57] Ebd. S. 20f.

[58] Ebd. S. 22

[59] Z.B. Luhmann in Habermas/Luhmann 1971, S. 11

[60] Luhmann 1984a, S. 22

[61] Zum Begriff der „Rekursivität" vgl. Hofstadter 1979, S. 127ff.; v.Foerster 1987, S. 149

Einsicht zugrunde, daß es weder einen „reinen" Selbstbezug noch „reine" Fremdreferenz gibt. Wie schon Hegel erkannt hatte, kann weder Identität noch Differenz als ein „Erstes" („Ursprüngliches") vorausgesetzt werden. Vielmehr sind beide im Referieren eines Selbst prozeßhaft miteinander verbunden, so daß die Identität die Differenz als ihr anderes Moment „in sich trägt" (und umgekehrt).[62] Ein Selbst, das sich in der Welt befindet, kann nie ausschließlich aus Selbstreferenz bestehen (dann wäre es tautologisch), sondern ist auf einen Bezug zu seiner „Umwelt" angewiesen.[63] Umgekehrt wäre ein Selbst, das nur aus fremdreferentieller Offenheit und nicht auch aus selbstreferentieller Geschlossenheit bestünde, nicht mehr als „Selbst" identifizierbar.[64] Geschlossenheit und Offenheit stehen also in einem „paradoxen"[65] Verhältnis: das Selbst (z.B. das System) ist offen, *weil* geschlossen und geschlossen, *weil* offen.[66] Selbstreferenz ist immer nur als „mitlaufende" („partielle") Selbstreferenz denkbar[67], die gerade die „Bedingung der Möglichkeit für Offenheit"[68] ist. Ein selbstrefentielles Selbst bezieht sich notwendigerweise zugleich auf sich selbst und auf anderes. Beide Momente sind zur Selbstreproduktion notwendig, da das Selbst sich nur mit sich selbst identifizieren kann, indem es sich anderem gegenüber als different setzt: Das Selbst ist nur es selbst (also „geschlossen"), wenn und weil es sich an einer Differenz (zu seiner „Umwelt") orientiert, und nur weil es sich durch diese Unterscheidung als Selbst identifizieren kann, vermag es sich als Selbst-in-Bezug-auf-anderes wahrzunehmen (ist also „offen"). Selbstverweisung und Fremdverweisung bleiben dabei immer unterschiedliche Referenzen: sie können nicht nochmals in einer Einheit „aufgehoben" werden. „Reproduktion ist das Handhaben dieser Differenz."[69]

Hegel (und die „dialektische" Theorie nach ihm) hatte Identität und Differenz nochmals zu einer identitären Synthese bringen wollen.[70] Der „absolute Geist" als das „Subjekt" des zwischen Endlichem und Unendlichem vermittelnden Prozesses war vorgestellt als Reflexion-in-sich der Reflexion-in-sich und der Reflexion-in-anderes.[71] Auf der Ebene des objektiven Geistes (der Erscheinung der „Idee") — dies ergab die obige Rekonstruktion der Rechtsphilosophie von 1821 — war der Preis dieser nochmaligen „Aufhebung" von Identität und Differenz gewesen, daß Hegel dem sittlichen „Staat" eine höherstufige Subjekti-

---

[62] Vgl. Deggau 1988, S. 129ff.

[63] Luhmann 1984a, S. 604

[64] Vgl. Deggau 1988, S. 131

[65] Jenseits der *sprachlichen* Paradoxie kann das Verhältnis nach wie vor auch als „dialektisch" bezeichnet werden.

[66] Luhmann 1984d, S. 31

[67] Luhmann 1984a, S. 606

[68] Ebd.

[69] Ebd. S. 26f.

[70] Vgl. ebd., S. 606f.

[71] Vgl. Deggau 1988, S. 129ff.

vität zusprechen mußte, für die es heute weder theoretische noch empirische Plausibilitäten gibt.

Die Theorie selbstreferentieller Systeme kann diese teleologisch gewendete Einheit ersetzen durch das Paradigma der *Differenz* von Identität und Differenz.[72] Damit bleibt die Problemvorgabe erhalten, nämlich die „Simultanverweisung auf sich selbst und anderes“[73] zu formulieren, bekommt aber eine neue Fassung, die auf weniger riskanten Annahmen basiert.

2. „Autopoiesis“

Ein *„autopoietisches System“* liegt nach Luhmann dann vor, „wenn es die Elemente, aus denen es besteht, als Funktionseinheiten selbst konstituiert und in allen Beziehungen zwischen diesen Elementen eine Verweisung auf diese Selbstkonstitution mitlaufen läßt, auf diese Weise Selbstkonstitution also laufend reproduziert“.[74] Die „Letztelemente“[75], die im System dessen „Einheit“ herstellen und aufrechterhalten, sind nicht von „außen“ („ontologisch“) vorgegeben, sondern werden als Elemente erst vom System hergestellt[76], sind also selber hochkomplexe „Zusammensetzungen“. Damit verschiebt sich das Erkenntnisinteresse der Systemtheorie von der *Funktionsweise* sozialer Systeme zur *Konstruktion* der sozialen Realität.[77]

a) Operative (konstruktivistische) Erkenntnistheorie

Dies hat zunächst *erkenntnistheoretische* Konsequenzen.[78]

Selbstreferenz kann sich selber nicht transzendieren, d.h. das Selbst kann jeweils nur die Identität beobachten und beschreiben, die es „für sich“ ist.[79] Jede Beobachtung eines Systems „von außen“ ist eine Beobachtung in einem anderen System, das aufgrund seiner eigenen Autopoiesis diejenige des fremden Systems erschließen kann (und nicht: „direkt“ beobachten, denn das System kann jeweils nur seine eigene Unterscheidung handhaben).[80] Insoweit wird die „Eigenleistung des Beobachters“[81] von der Theorie selbstreferentieller Systeme vorausgesetzt.

[72] Luhmann 1984a, S. 26

[73] Ebd. S. 606

[74] Luhmann 1984a, S. 59

[75] Luhmann 1983b, S. 59

[76] Vgl. Luhmann 1984a, S. 42f.

[77] Berger 1987, S. 132

[78] Vgl. Luhmann 1986a, S. 4 (= 1988, S. 336)

[79] Vgl. ebd. S. 27 (= 1988, S. 347)

[80] Vgl. hierzu ausführlich Luhmann 1986b sowie 1984a, S. 61, 110, 654; ferner Maturana in Maturana und Varela 1980, S. 52. Auch die Beobachtung eines sozialen Systems durch ein psychisches System ist deshalb *Fremdbeobachtung*; vgl. Luhmann 1984a, S. 618 Fn.42

[81] Luhmann 1986a, S. 28 (= 1988, S. 348)

Alle Realität ist damit abhängig von einem Bezugssystem, das sie als „Realität" erst selektiv konstituiert („konstruiert"[82]); eine Realität „an sich" („als solche") ist damit nicht (mehr) denkbar.[83] Dies bedeutet auch, daß jede Selbstreferenz nicht als „Realprozeß", sondern nur durch Beobachtung und Beschreibung zugänglich ist.[84] In Bezug auf das Recht muß also zwischen der „Selbstreproduktion" als der Gesamtheit der „operativen" Vorgänge[85] der rechtlichen Interaktionen und der Beobachtung dieser Vorgänge innerhalb des Rechts (z.B. durch rechtstheoretische oder dogmatische Reflexion) unterschieden werden.[86] Resultat von Selbstbeschreibungen sind stets abstrahierte und stark vereinfachende Modelle, in denen Theorien über Identitäten kondensiert werden.[87] In die Selbstreproduktion gehen solche Vereinfachungen als konstitutive und operative Elemente von Programmierungen[88] ein, können im Laufe der Zeit aber auch in die Latenz unproblematischer „Hintergrundannahmen" absinken, auf die das „Systemgedächtnis" nur im Ausnahmefall zurückzugreifen braucht (: war das Paradigma des subjektiven Rechts einmal theoretisch eingeführt und in Institutionen des materiellen und Verfahrensrechts „geronnen", brauchte über seine „Berechtigung" zunächst nicht mehr nachgedacht zu werden).

Die These der Systemrelativität aller Erkenntnis führt Luhmann dazu, die „Differenz von Erkenntnis und Gegenstand" und damit erkenntnistheoretische Fragen überhaupt „zunächst" auszuklammern[89] und stattdessen einen funktionalen „Zugang" zur Realität vorzuschlagen: „Damit ist keineswegs gesagt, daß die semantische Form ... der Realität ‚entspricht'; wohl aber, daß sie Realität ‚greift', das heißt, sich als Ordnungsform im Verhältnis zu einer ebenfalls geordneten Realität bewährt".[90] Ausgehend von der Voraussetzung der systemrelativen Konstitution von Beobachtung und Beschreibung will Luhmann — im jeweils „gewählten" autopoietischen Rahmen — die „Differenz von Erkenntnis und Gegenstand " dann „naturalistisch"[91] zum Verschwinden bringen: Mit der Verabschiedung der traditionellen Vorstellung der Erkenntnis durch ein Subjekt entfällt jede *Unterscheidbarkeit* von „bloß analytischen" Beschreibungen,

[82] Luhmann 1986a, S. 5 (= 1988, S. 337); ders. 1987b, S. 311 f. Zum „Konstruktivismus" vgl. jetzt insgesamt S. Schmidt 1987

[83] Vgl. Deggau 1985a, S. 7; Luhmann 1984a, S. 61, 146, 629f.; ders. 1986a, S. 5f. (= 1988, S. 337)

[84] Luhmann 1984a, S. 105f.

[85] Ebd. S. 67, 618

[86] Vgl. Teubner 1987a, S. 95ff.; Luhmann 1984a, S. 25, 105

[87] Vgl. Deggau 1985a, S. 11ff.

[88] Vgl. unten II.2.d)

[89] Luhmann 1984a, S. 380f.

[90] Ebd. S. 91; vgl. v.Glasersfeld 1981, S. 19ff. (dieser unter Aufrechterhaltung von subjektphilosophischen Prämissen im Anschluß an Kant)

[91] Luhmann 1984a, S. 10, 25f.; ders. 1986a, S. 27f. (= 1988, S. 347f.); vgl. dazu auch Zolo 1985, insbes. S. 32ff.

„gedanklichen Konstruktionen", „Modellen" einerseits und „realen" Sachverhalten andererseits; insoweit ist nur die Unterscheidung von System und Systemreferenz möglich.[92] Innerhalb eines Systems bezieht sich eine Realitätskonstruktion immer auf das, was *für* das System Realität „ist".[93] — Aufgrund des Bezugs von Erkenntnis auf die jeweils systeminternen Operationen, die sich an den Code anschließen[94], kann auch von einer „operativen Erkenntnistheorie" gesprochen werden.[95] Luhmanns Argumentation gipfelt schließlich in dem — für sich genommen durchaus mißverständlichen — Satz: „Der Systembegriff steht (im Sprachgebrauch unserer Untersuchungen) immer für einen realen Sachverhalt".[96]

b) Einheit von Selbstbeschreibung und Selbstreproduktion

Aus den soeben dargelegten „methodologischen" Prämissen ergibt sich, daß — jedenfalls in sozialen Systemen — zwischen autopoietischer Reproduktion und Selbstbeobachtung/Selbstbeschreibung nicht getrennt werden kann.[97] Beide Operationsarten bilden einen einheitlichen Zusammenhang — was natürlich nicht bedeutet, daß sie „uno actu" zusammenfallen müssen.[98]

Während die kontinuierliche Selbstreproduktion eines sozialen Systems durch *Kommunikation* stattfindet (das System „existiert" nur „in" Kommunikationen[99]), bedarf es der Reduktion von Kommunikationsmöglichkeiten, um kongruente „Anschlußmöglichkeiten" zu schaffen und die *spezifische* Kommunikationsform eines gesellschaftlichen Subsystems dadurch aus der allgemeinen sozialen Kommunikation auszudifferenzieren.[100] Dies wird durch vereinfachende Selbstbeschreibungen geleistet, die qua *„Handlung"* (bzw. *„Ereignis")* zulässige Selbstverweisungen chiffrieren[101]: „Durch Selbstbeobachtung benutzt das System seine Differenz (zu etwas anderem) in seinen Operationen, um sich — sozusagen durch Unterbrechung von Kommunikation — als eine Kette von abgegrenzten und abgrenzbaren Handlungen zu beschreiben, die es sich zugleich

---

[92] Luhmann 1984a, S. 246, 599f.

[93] Luhmann 1986a, S. 27 (= 1988, S. 347f.)

[94] Hierzu sogleich unter II.2.c)

[95] Vgl. von Foerster 1985

[96] Luhmann 1984a, S. 599. Aufgrund solcher Aussagen mag etwa Deggau (1985b, S. 46 Fn.2 zu der These kommen, Luhmann behaupte „um den Preis eines erkenntnistheoretischen Paradoxes ... die Autopoiesis des Systems als realen, von Beobachtung unabhängigen Prozeß ...". Zu derartigen Mißverständnissen wiederum Luhmann 1986a, S. 26ff. (= 1988, S. 347f.)

[97] Luhmann 1984a, S. 230; vgl. aber oben Kap.2 Fn.47)

[98] Vgl. Teubner 1987a, S. 100

[99] Luhmann 1983b, S. 135

[100] Vgl. Luhmann 1984a, S. 240f.

[101] Vgl. Luhmann ebd., ders. 1983b, S. 134ff.; Teubner 1985a, S. 13 (1988b, S. 223f.: Erweiterung auf „legal procedure" und „legal doctrine" — auch auf diese erstreckt sich die Selbstdefinition durch den rechtlichen Diskurs)

als eigene ,zuschreibt' und insofern den Wechselbezug der Kommunikation abschneidet".[102] „Was eine Einzelhandlung ist, läßt sich deshalb nur aufgrund einer sozialen Beschreibung ermitteln."[103] Für das Rechtssystem heißt dies, daß nur „Rechtshandlungen" („Rechtsereignisse") berücksichtigungsfähig sind: „Rechtshandlungen produzieren Veränderungen der Rechtslage und die Rechtslage als Inbegriff aller abstrakten und konkreten Verhaltenserwartungen zu einem bestimmten Zeitpunkt produziert die Anschlußfähigkeit für neue Rechtshandlungen und zwar unabhängig von der Anschlußfähigkeit für andere gesellschaftliche Kommunikation."[104] Erst der *zyklische* (rekursiv geschlossene) Zusammenhang von Selbstbeschreibung und Selbstreprodukion kann also Autopoiese genannt werden, denn nur dann werden alle Elemente des Systems durch das System hergestellt.

Exkurs: Demgegenüber erscheint es nicht plausibel, den Begriff der Autopoiesis einem Stadium der *„hyperzyklischen"* Verknüpfung von Systembestandteilen vorzubehalten (Teubner)[105], also einer „nochmalige(n) zyklischen Verknüpfung von zyklisch konstituierten Einheiten".[106] Teubner stützt sein Autopoieseverständnis auf eine Rekonstruktion der Evolutionsgeschichte selbstreferentieller Systeme (während bei Luhmann dieser genetische Zusammenhang — außer dem allgemeinen Hinweis auf die Systementwicklung qua Ausdifferenzierung — unerörtert bleibt, so daß die Luhmannsche Darstellung immer schon von „gelungenen" Einrichtungen autopoietischer Systeme ausgeht[107]). Die Autonomisierung des Rechts verläuft danach von einem anfänglich „diffusen" Stadium (in dem Rechtskommunikation noch nicht klar aus der allgemeinen gesellschaftlichen Kommunikation ausdifferenziert ist) über „Teilautonomie" (Selbstbeschreibungen von Rechtsstrukturen haben sich verselbständigt) zu „Selbstkonstitution" (die Selbstbeschreibungen werden operativ verwendet, um Rechtskommunikation zu steuern) und schließlich zur „Autopoiese" („selbstreproduktiver Hyperzyklus"/„positives Recht": „Rechts*normen* [werden] durch Verweis auf Rechts*handlungen* definiert, also Systemkomponenten durch Systemkomponenten ,produziert'"[108]; der Bezug zu außerrechtlichen „Rechtsquellen" ist damit abgeschnitten).[109] — Diese Definition der Autopoiese geht aber über den Luhmannschen Autopoiesebegriff nicht hinaus, sondern entspricht ihm.

---

[102] Ladeur 1985, S. 405 („Handlungen" im Original hervorgehoben)

[103] Luhmann 1984a, S. 228

[104] Teubner 1985a, S. 13

[105] Vgl. insbes. 1987. — Zum Terminus „Hyperzyklus": Eigen/Schuster 1979, S. 2ff.

[106] Teubner 1987a, S. 101

[107] Vgl. dazu Habermas 1981 II, S. 462

[108] Teubner 1987a, S. 112

[109] Vgl. insgesamt Teubner 1987a, S. 106ff.

c) Binäre Codierung

Die *Selbstbeschreibung* des Rechtssystems bildet sich anhand der „Leitdifferenz“[110] *Recht-Unrecht.* Hierbei handelt es sich um eine *binäre Codierung,* die dem positiv-negativ(ja-nein)-Schema folgt.[111] Alle „dritten Werte“ sind damit ausgeschlossen: etwas kann entweder rechtmäßig oder rechtswidrig (und nichts drittes) sein.[112] Durch die binäre Codierung wird die *Einheit* von Recht und Unrecht durch eine *Differenz* ersetzt.[113] Erst dadurch ist das Rechtssystem in der Lage, seine Operationsfähigkeit jenseits seiner zugrundeliegenden Tautologie (Recht = Recht) bzw.[114] Paradoxie (Recht = Unrecht) herzustellen.[115] Die Einsetzung des Rechtscodes dient der *Entparadoxierung*[116]: der (für sich tautologische) Wert „Recht“ wird durch den Gegenwert „Unrecht“ „dupliziert“[117] und das Rechtssystem kann sich dadurch in seinen Operationen an einer Differenz (Recht ≠ Unrecht) orientieren. „Anschlußfähig“ ist dabei immer nur der Wert „Recht“ (und nicht der Wert „Unrecht“), da das Recht sich nicht anders als „rechtmäßig“ fortsetzen kann: In den Code ist damit eine *Asymmetrie* eingebaut.[118] Aufgrund der Entparadoxierung durch den Code braucht das System nicht mehr zu berücksichtigen, daß „in der Zusammenschau des Sozialsystems“ Recht und Unrecht „immer zu zweit“ auftreten, es also „kein Recht (gibt), das nicht auf der anderen Seite Unrecht wäre“.[119]

Da es sich bei jeder Codierung um einen „hochabstrakte(n) Schematismus“[120] handelt, der als „kommunikationstechnische Einrichtung“[121] (nämlich als „Duplikationsregel“[122]) fungiert, ist es beliebig, wie die beiden Werte des Codes *bezeichnet* werden, sofern sie nur die mit dem Code repräsentierte soziale Funktion „treffen“. Der Rechtscode könnte also z.B. nicht durch die Differenzen von wahr und unwahr/falsch oder von Zahlen und Nichtzahlen (Haben und Nichthaben) ersetzt werden, die die Codewerte von Wissenschaft und Wirt-

---

[110] Luhmann 1984a, S. 19ff.; ders. 1986d, S. 147

[111] Luhmann 1986f; ders. 1986g, S. 75ff.; ders. 1986d, S. 145f.; Deggau 1988, S. 136f.

[112] Vgl. Luhmann 1986f, S. 180ff.; G.Günther 1976ff.I, S. 45ff.; zum hier verwendeten Begriff des „Werts“ Luhmann 1986d, S. 146

[113] Luhmann 1986g, S. 76f.

[114] „Eine Tautologie ist aber eine Paradoxie. Sie formuliert eine Unterscheidung, von der sie behauptet, daß es keine Unterscheidung ist, eine differenzlose Unterscheidung ...“ (Luhmann 1987b, S. 319f.). Vgl. Luhmann 1987c, S. 170

[115] Vgl. dazu ausführlich Luhmann 1984d, sowie ders. 1984f

[116] Luhmann 1986d, S. 146; ders. 1986g, S. 80f.

[117] Luhmann 1986g, S. 77f.

[118] Luhmann 1986f, S. 177

[119] Ebd. S. 175

[120] Luhmann 1986g, S. 89

[121] Ebd. S. 78

[122] Luhmann 1986d, S. 145

schaft darstellen.[123] Wohl aber wären als Benennung der Codewerte außer „Recht und Unrecht“ die Differenzierungen „Recht und nicht-Recht“ sowie „gerecht und ungerecht“ denkbar. Letztere Unterscheidung ist allerdings aufgrund ihrer Ankoppelung an inhaltlich-moralische Maßstäbe theoretisch voraussetzungs- und programmatisch anspruchsvoller als die „engere“ Differenz zwischen Recht und Unrecht/nicht-Recht.[124] Da der Code keine Selektionskriterien zur Verfügung stellt[125], können derartige Ansprüche auf dieser Ebene nicht eingelöst werden: als „Einheit aller Richtigkeitsbedingungen“ war „Gerechtigkeit“ deshalb seit der Entstehung der Differenz von Codierung und Programmierung auf der Ebene juristischer *Programme* angesiedelt.[126]

Gegen die Weiterverwendung der tradierten Unterscheidung von „Recht und Unrecht“ spricht schließlich die pejorative Konnotation der Vorsilbe „un“ und ihr gleichfalls noch vorhandener Bezug zu außerrechtlichen (moralischen) Wertungen. Um den Rechtscode als schlichte „Duplikationsregel“ kenntlich zu machen, böte sich daher die Bezeichnung der Codewerte als „Recht und nicht-Recht“ an (wobei die Schreibweise „nicht-Recht“ — im Gegensatz zu „Nichtrecht“ — verdeutlichen soll, daß es sich um eine einfache Negation von Recht *im* Rechtssystem und nicht um einen Verweis auf die „Umwelt“ des Rechtssystems handelt). Die Asymmetrie des Codes bleibt dadurch zwar erhalten, schwächt sich aber ab.[127] Anstelle einer Ausgrenzung des „Unrechts“ als eines „ganz anderen“ transportiert der Terminus „nicht-Recht“ die komplementäre Bezogenheit auf „Recht“ gleichsam mit — und zwar auch in zeitlicher Hinsicht als „noch-nicht-Recht“ bzw. „nicht-mehr-Recht“. Dem reflexivierten Stand einer Theorie, die erkannt hat, daß „Recht“ selber erst Ergebnis der Handhabung einer zugrundeliegenden Differenz ist, käme die Bezeichnung dieser Differenz als „Recht und nicht-Recht“ deshalb näher.

d) Geschlossenheit und Offenheit

Allen soeben erörterten Bezeichnungen ist gemeinsam, daß sie das Spezifikum des Rechtscodes in der semantischen Codierung von *Normativität* erfassen.[128] Dabei ist „Normativität“ das *Ergebnis* von Systemoperationen, die sich anhand der Leitunterscheidung bilden; das Produkt einer zugrundeliegenden, operativ verwendeten Differenz und kein vorausgesetztes „Prinzip“.[129] Normativität ist

---

123 Vgl. Luhmann 1986g, S. 101ff., 150ff.; zur Wirtschaft ferner ders. 1984e

124 Zur „Entmoralisierung“ des Codes vgl. Luhmann 1986g, S. 92ff.; ders. 1986f, S. 172f.

125 Luhmann 1986g, S. 82. Hierzu und zum Programmbegriff sogleich unten.

126 Ebd. S. 95f.

127 Vgl. hierzu auch Koselleck, Zur historisch-politischen Semantik asymmetrischer Gegenbegriffe, in: Koselleck 1979, S. 211ff., sowie in Bezug darauf Luhmann 1986c

128 Vgl. Luhmann 1983b, S. 139, 143

129 Vgl. Luhmann 1986f, S. 176

also dasjenige semantische Element, das den Fortgang der rechtlichen *Autopoiese* gewährleistet, indem es „Ereignisse" bzw. „Handlungen" so verknüpft, daß jeweils nur von „Geltung zu Geltung fortgeschritten"[130] werden kann (unter operativer Anknüpfung an die *Differenz* von Recht und nicht-Recht). Die Selbstbeschreibung als Handlung/Ereignis kann daher nur solche Elemente berücksichtigen, die die Rechtslage „ändern" (:„als Übertragung der Qualität normativer Geltung auf partiell neue Erwartungen"[131]).

Durch den Anschluß an normative Geltung wird die autopoietische *Geschlossenheit* des Rechts hergestellt.[132] Autopoiese ist daher die *„operative Autonomie"*[133] des Codes von Recht und nicht-Recht: „Das System reproduziert sich in rekursiv-geschlossenen Operationen, indem es aufgrund von normativem Sinn normativen Sinn erzeugt".[134] Dies ist etwas ganz anderes als eine „Weltlosigkeit"[135] oder „Abgeschlossenheit"[136] von Systemen (wie die Thesen der Theorie der Autopoiesis bei flüchtiger Lektüre mißverstanden werden könnten). „Geschlossenheit" meint lediglich, daß das Recht „normative Qualität nicht aus der Umwelt beziehen (es gibt kein Naturrecht) und auch nicht an die Umwelt abgeben (kann); denn alle Kommunikation, die sich auf Rechtsnormen bezieht, ist eben deshalb Kommunikation im System selbst".[137]

Die *Offenheit* des Rechts besteht demgegenüber in seiner *kognitiven* Orientierung, die nicht auf der Ebene der Codierung, sondern auf der Ebene der *Programmierung* anzusiedeln ist.[138] Die Codewerte sind keine Kriterien für Entscheidungen: etwas ist Recht (und nicht nicht-Recht/Unrecht), aber Rechtmäßigkeit enthält keinen Hinweis auf Maßstäbe für und Inhalte von Recht — wie die Wahrheit kein Wahrheitskriterium ist.[139] Was jeweils rechtens ist, wie also die „Inhalte" eines Codewerts jeweils ermittelt werden, ergibt sich auf der Ebene juristischer Programme als dem Inbegriff der „Regeln ..., die eine für das System ‚richtige' Zurechnung von Sachverhalten auf Werte des Code angeben"[140] — und das ist „das gesamte positive Recht"(!).[141] Hier kann das Recht sich seiner „Umwelt" gegenüber öffnen und Lernfähigkeit institutionali-

---

[130] Deggau 1988, S. 147 („...there can be a progress only from validity to validity."); vgl. ebd. S. 145f., sowie ders. 1985a, S. 22

[131] Luhmann 1983b, S. 136

[132] Luhmann 1984d, S. 31; ders. 1986g, S. 127

[133] Luhmann 1985b, S. 6; ders. 1986a, S. 22 (= 1988, S. 345); vgl. Teubner 1985a, S. 8 (= 1988b, S. 220)

[134] Luhmann 1984d, S. 31

[135] Vgl. Deggau 1985a, S. 28

[136] Luhmann 1986a, S. 3 (= 1988, S. 336)

[137] Luhmann 1984d, S. 31

[138] Ebd. S. 32; Luhmann 1986g, S. 90f.; ders. 1986f, S. 194ff.

[139] Luhmann 1986g, S. 90; ders. 1984d, S. 27

[140] Luhmann 1984d, S. 27

[141] Ebd. S. 30

sieren — bis hin zu einer durch Kognition „veranlaßten" Änderung von Normen selbst.[142] Kognitive Fragen können aber auch an das Recht selber gerichtet werden („Interpretation"); die Unterscheidung von normativer und kognitiver Orientierung deckt sich also in ihrem Anwendungsbereich nicht mit der Unterscheidung von „System und Umwelt".[143]

3. System, Selbstreferenz und Sinn

Einer ausführlicheren Erörterung bedarf nach den vorangegangenen Ausführungen nun nochmals der Begriff des sozialen *Systems,* der oben zunächst theoriegeschichtlich eingeführt wurde.[144]

In einer evolutionstheoretischen Reformulierung seiner Thesen geht Luhmann davon aus, daß sich zunächst „funktionsspezifische Sondercodes" aus der allgemeinen gesellschaftlichen Kommunikation ausdifferenzierten und erst später entsprechende „Funktionssysteme".[145]

Die Funktion des *Codes* hatten wir bereits dargelegt: er alleine ist es, der durch rekursive Anschlüsse die Produktion von Elementen aus Elementen gewährleistet und hierdurch die normative „Einheit" rechtlicher Programme herstellt. Was darüber hinaus soll der Begriff des Systems bezeichnen?

Der Systembegriff zielt nicht (im „neukantischen" Sinn) lediglich auf eine „noumenale" Seite (der Erkenntnis) — als „Konstruktion aus einem Prinzip" - [146], also auch nicht auf die bloße Strukturierung und Systematisierung eines wissenschaftlichen Feldes („System der Dogmatik" etc.). Vielmehr soll ein System „reale" Sachverhalte der empirischen Welt treffen.[147]

Im *biologischen* Bereich ist die Stelle des Systems ohne weiteres durch die räumlich-physische Abgrenzung von Organismen zu besetzen. So reproduziert sich eine Nervenzelle, indem sie sich selbst und ihre Umwelt „beobachtet" und daraufhin die Unterscheidung von sich und der Umwelt einführen und handhaben kann.[148] Ebenso sind *psychische* Systeme (Bewußtseine) aufgrund ihrer Abgeschlossenheit im menschlichen Organismus als Einheiten abgrenzbar.

Als *soziales* System besteht das Recht ausschließlich aus *Kommunikation* und deren „Zurechnung" als Handlung.[149] Nicht zum Rechtssystem gehören die „beteiligten" Menschen[150], Bewußtseine, sachliche Produktionsmittel usw., die

---

142 Vgl. Luhmann 1986g, S. 127

143 Luhmann 1986a, S. 13f. (= 1988, S. 341)

144 In diesem Kapitel II.1.

145 Luhmann 1986d, S. 149, 151; vgl. ders. 1986g, S. 87f.

146 Luhmann 1983b, S. 129

147 Siehe oben II.2.a)

148 Vgl. Maturana in Maturana und Varela 1980, S. 15ff.

149 Luhmann 1984a, S. 240

150 Anders aber Maturana (1987, S. 292ff.), der „Lebewesen" als „Komponenten" sozialer Systeme sieht. Ebenso Hejl 1987, S. 319ff.

sämtlich in die System*umwelt* verwiesen sind. Eine „naturalistische", „räumlich-gegenständliche" Abgrenzung des Rechtssystems ist nicht möglich[151]: Überall dort, wo über Recht kommuniziert wird, „*ist*" das System.[152] Es gibt „weder Input von Recht ins System noch Output von Recht aus dem System. Außerhalb von Recht kann man mit Recht nichts anfangen".[153] Jede am Rechtscode orientierte Kommunikation, also z.B. auch die Kommunikation unter Nichtjuristen im „täglichen Leben" ist daher Bestandteil des Systems, in anderer Formulierung: „Das Rechtssystem tritt in Funktion, wo immer mit dem Schema Recht/Unrecht gearbeitet wird".[154] Es ist also allein die *Codierung* von Recht und nicht-Recht, die eine symbolische „Systemgrenze" festlegt, indem sie durch die operative Verknüpfung von rechtlichen Interaktionen einen geschlossenen normativen Zusammenhang schafft, der alle anderen Anschlüsse nicht zuläßt.

Worin „besteht" aber das solchermaßen abgegrenzte System? Die Definition von „Autopoiese" als „Selbst(re)produktion anhand des Codes" bestätigt zunächst nur die These von der Ausdifferenzierung spezialisierter *semantischer* (sprachlicher) Codes aus der allgemeinen gesellschaftlichen Kommunikation und gibt keinen Hinweis darauf, was darüber hinaus ein „System" sein sollte.

Fest steht darüber hinaus — folgt man Luhmanns Ausführungen — nur, daß das System eine Form eines selbstreferentiellen „*Selbst*" darstellt. Ein solches Selbst war oben als *Reflexionskategorie* bestimmt worden: „Etwas" muß sich, indem es sich „referiert", durch „es selbst identifizier(en) und gegen anderes different" setzen können.[155] Das Selbst ist damit nichts anderes als der „*Effekt der Etablierung einer Differenz*"[156], eine bloße *Leerstelle* (als „Relator"[157] fungierend), die erst noch durch eine *Bezeichnung* für ein „reales Selbst" ausgefüllt werden muß (und dann als „Repräsentator"[158] fungiert). Die sprachliche Zusammensetzung von „Selbst" und „Referieren" zur „Selbstreferenz" kann diese Gegebenheit nicht angemessen treffen, da durch die Auseinanderlegung von „Subjekt" und „Prädikat" der Schein erweckt wird, daß es um ein „Ding" gehe, das etwas „sei" oder „bewirke".[159] Dies beleuchtet das Defizit der *Sprache*, die, indem sie Subjekt-Objekt-Strukturen „suggeriert", eine Theorie nicht mehr darstellen kann, die allein auf Rekursivität aufbauen will.[160] Klarer könnte das eigentlich Gemeinte werden, wenn man das Präfix „Selbst" durch

---

[151] Luhmann 1971, S. 72f.

[152] Vgl. Deggau 1988, S. 136f.

[153] Luhmann 1984d, S. 28

[154] Luhmann 1984a, S. 510

[155] Luhmann 1984a, S. 26

[156] Baecker 1986, S. 247

[157] v.Foerster 1985, S. 91

[158] Ebd.

[159] Luhmann 1984a, S. 115

[160] Luhmann ebd. („... die Gesamtdarstellung der Systemtheorie in diesem Buch ist aus diesem Grund inadäquat, ja irreführend.")

das jeweilige „Objekt-Substantiv" ersetzte und das rekursive Verhältnis zugleich graphisch verdeutlichte[161]; also:
Referenz ——┐, bzw. für „Autopoiesis": Regelung der ——┐ oder für „Kognition": Errechnungen von ——┐.[162]

Dennoch muß weiterhin von einem „Selbst" der Referenz die Rede sein, um Rekursivität als Organismus, Bewußtsein, soziales Phänomen usf. *„verorten"* zu können. Die Bezeichnung „System" soll hier in diesem Sinne verstanden werden, wenngleich sie mißverständlich sein mag.

Ausgeschlossen ist damit die Vorstellung von einem „System" als einem *„Ding"* („Objekt") in der Realität. Dies bedeutete eine Re-Ontologisierung, die mit der Theorie der operativen Selbstreferenz unvereinbar wäre. Ausgeschlossen ist zum zweiten ein Verständnis des Systems als *„Subjekt"*. Für alle Versuche der Einführung von Subjekt-Objekt-Dichotomien ergibt sich dies wiederum aus der rekursiven Geschlossenheit eines jeden Selbst; noch die Kantische Verdoppelung des „Subjekts" als transzendentales und empirisches kann als nicht mögliche Selbsttranszendierung durchschaut werden.

Auch an die „raffiniertere" Hegelsche Version der Subjektphilosophie läßt sich nicht mehr anknüpfen. Zwar ist im Hegelschen Entwurf der Einsicht der rekursiven, selbstreferentiellen Geschlossenheit bereits genüge getan: der absolute Geist „transzendiert" sich nicht mehr im Sinne einer Kantischen Apriorisierung eines Subjekts (diese wird vielmehr gerade kritisiert). Stattdessen liegt der Hegelschen Philosophie eine andere Verdoppelung zugrunde: die (durch Selbstbeobachtung zu erkennende) „Sinneinheit" der Differenz von Identität und Differenz wird dupliziert (hypostasiert) zur nochmaligen Einheit qua Geist/Subjekt. Die Bestimmung dieser Einheit geschieht durch *Teleologie:* der Geist verwirklicht sich, indem er sich in der Realität „setzt" und dadurch „zu sich selber" kommt. Erst durch das immanente Telos wird der Prozeß des Wirklichen als Einheit (und damit als einheitlicher Prozeß!) faßbar. Das zu antizipierende „Ende" bringt es mit sich, daß zwischen früheren und späteren Ereignissen eine wechselseitige Selektivität herrscht: „Ereignisse (werden) nur deshalb ausgelöst, Handlungen nur deshalb gewählt ..., weil sie Folgen haben werden, die ihrerseits nur eintreten können, wenn die Auslöseereignisse realisiert werden".[163]

Fällt das Telos weg, so ist weder eine Geist-Einheit noch ein durch diese erst konstituierter Prozeß zu erkennen.[164]

Das „System" kann eine gleichartige Einheitsstiftung nicht übernehmen, denn es träte ansonsten in der Tat die direkte Nachfolge „geistförmiger" Subjektivität im Hegelschen Sinne an.[165] Insofern ist es mißverständlich, wenn

---

[161] v.Foerster 1985, S. 40, 31; ders. 1987, S. 135

[162] Vgl. v.Foerster 1985, S. 40, 31

[163] Luhmann 1984a, S. 484f.

[164] Ebd. S. 482, 484f.

Luhmann von einer „Einheit" des Systems spricht[166] und damit den Verdacht nährt, es könne sich im System ein Telos — sei es der „Einheit als solcher", sei es der Funktion — verkörpern.[167] Die Erkenntnis der Differenz von Identität und Differenz zwingt dazu, mit der Vorstellung einer nochmaligen Letzt- und Über-Einheit zugleich *alle* Formen von Teleologie aufzugeben.

Es bleibt allerdings die Frage, ob nicht „Metaphysik" lediglich „tiefergelegt" wird und damit letzten Endes erhalten bleibt, wenn für die Bestimmung eines rekursiven Verhältnisses (für das das „System" nur den „topographischen Ort" bezeichnet) auf die *Sinneinheit* von Differenzen Bezug genommen werden muß. Denn das „Selbstverhältnis" muß sich durch sich selbst als „Einheit" qua Autopoiese bestimmen. Will das Recht an „Normativität" festhalten, kann es nur von „Geltung zu Geltung" fortschreiten und darf deshalb nur solche Ereignisse und Handlungen zulassen, die an den binären Code von Recht und nicht-Recht anschließen. Das System muß also „Sinn" einsetzen, um „richtige" von „falschen" Anschlüssen zu unterscheiden. Sinn — ein „Prozessieren nach Maßgabe von Differenzen"[168] — „gewährleistet denjenigen Eigenschaftskomplex, der für die Bildung von Systemelementen notwendig ist, nämlich die Möglichkeit, sich durch Beziehung auf andere Systemelemente bestimmen zu lassen".[169] Damit verweist die Autopoiese des Systems auf die „zugrundeliegende" Autopoiese von *Sinn*[170]: „Die Selbstbeweglichkeit des Sinngeschehens ist Autopoiese par excellence. Auf dieser Grundlage kann jedes (wie immer kurze) Ereignis Sinn gewinnen und Systemelement werden. Damit ist nicht so etwas wie ‚rein geistige Existenz' behauptet, wohl aber die Geschlossenheit des Verweisungszusammenhangs der Selbstreproduktion. Insofern sind auch Sinnbewegungen in ihrer Funktion, Informationsgewinn und Informationsverarbeitung zu ermöglichen, autonom konstituiert".[171]

Der Übergang von einem rekursiven Verhältnis auf ein anderes bedeutet aber nicht, der selbstreferentiellen Geschlossenheit zu entgehen, indem eine „Letzt-Einheit" (oder „Letzt-Differenz") geschaffen würde. Die Zirkularität bleibt

---

[165] So — allerdings als bloße Behauptung — für den Luhmannschen Systembegriff Breuer 1986, S. 684; vgl. auch Podak 1984

[166] Vgl. Luhmann 1983b; ders. 1984a, S. 482; ders. 1986g, S. 47f.

[167] Unser Einwand gilt der Verwendung des *Begriffs* der Einheit, nicht dessen Definition durch Luhmann, mit der er in letzter Zeit durchaus klarstellt, daß Einheit sich durch nichts anderes (mehr) reproduziert als durch die „Komplementarität von Codierung und Programmierung" (1986f, S. 197 Fn.45; vgl. 1986g, S. 47f.). — Vgl.Habermas 1986b, S. 11 (: „Nicht zufällig füllt Luhmann den Platz, an dem die Einheit des Codes erklärt werden müßte, mit einem Fragezeichen aus" — Unter Bezugnahme auf Luhmann 1986g, S. 95). — Zum Funktionswandel der Normativität siehe weiter unten Kap.3.II.4)

[168] Luhmann 1984a, S. 101; und zwar einerseits der „Differenz von Aktualität und Möglichkeit" und „quer" dazu der „Differenz von Unterscheidung und Bezeichnung" — ebd. S. 100

[169] Ebd. S. 101

[170] Zum Sinnbegriff bereits ausführlich Luhmann 1971, S. 25ff.

[171] Luhmann 1984a, S. 101

vielmehr bestehen: Einheit kann nur durch eine „relationierende Operation“ für das System selbst zustandekommen.[172] Als „letzte Metapysik“ (wenn man so will) bleibt allein das Beharren der Theorie auf dieser voraussetzungslosen Referenz-in-sich, ihrem universalistischen Anspruch.[173]

Die Leerstelle des „Selbst“ mag durchaus auch anders *bezeichnet* werden, wenn klargestellt wird, daß die verwendeten Termini keine anderen Implikationen als die soeben dargelegten beinhalten (was sich aufgrund der Vorbesetzungen durch allgemeine gesellschaftliche Sinnverwendung allerdings wiederum ebensowenig ausschließen läßt wie beim Begriff des Systems). Statt „Rechtssystem“ ließen sich daher auch die Ausdrücke „rechtliches Selbstverhältnis“ (wodurch der Akzent weiter auf die Seite der rekursiven Geschlossenheit verlagert würde) oder „Netzwerk funktionsspezifischer Kommunikation“[174], „rechtliches Kommunikationsmedium“, „rechtliche diskursive Formation“[175] (unter größerer Betonung des Aspektes der „kommunikativen Offenheit“) verwenden.

4. Zwischenbilanz und Ausblick

Durch die hier vorgestellte und präzisierte Theorie der operativen Selbstreferenz kann die Selbstbeschreibung des Rechts mit dem im Rahmen der Selbstreproduktion bereits erreichten Stand in Einklang gebracht werden. Die zunächst noch in den Begriffen des alten Paradigmas dargestellte Entwicklung der Rechtskategorie als „Rücknahme von transzendentalen Voraussetzungen“ bzw. „Internalisierung des Subjekts“ kann nunmehr nichtmetaphorisch als Reflexion auf Selbstreferenz verstanden werden: Seit seiner „Vollpositivierung“ ist das Recht in seinen Operationen rekursiv in sich geschlossen. Rekonstruktiv erscheinen alle Externalisierungsversuche als vergeblicher „strange loop“.[176]

Die „Vermittlung“ von Individuum und Gesellschaft qua Recht (Kapitel 1) kann jetzt reformuliert werden als der Prozeß der rechtlichen Kommunikation über individuelle und soziale Rechte (und nicht-Rechte/Gegenrechte): Es geht um die *„Zuweisung“* von Rechten durch das Recht.[177] Dabei ist aufgrund der selbstreferentiellen Geschlossenheit keine teleologische (aus dem „freien Willen“ kommende) Hoffnung auf die Schaffung von „Verhältnissen freier Anerkennung“ mehr möglich; andererseits erscheint aber das „abstrakte Recht“ (Hegel) als historisch änderbare („kontingente“) Gestalt, als „zufällige“ Verwirklichung einer von vielen Möglichkeiten, die jeweils die Autopoiesis des Rechts gleichermaßen fortsetzen können.

[172] Luhmann 1984a, S. 58

[173] Vgl. Luhmann 1984a, S. 33, 143ff.(145); ders. 1986a, S. 27 (= 1988, S. 348)

[174] Luhmann 1986a, S. 12 (= 1988, S. 340)

[175] Zum letzteren Ladeur 1978, S. 100ff.

[176] Zu diesem Begriff vgl. Hofstadter 1979, S. 684ff.

[177] Dazu unten Kap.5

Mit dem Verschwinden des freien, selbstbestimmten Rechtssubjekts nimmt das Recht zwar den „Vorschein" auf eine zukünftige allgemeine „Freiheit" zurück, zugleich aber auch den „Schein", diese „Freiheit" im Recht immer schon realisiert zu haben. Und gerade dieser „Schein" war es (wie im ersten Kapitel gezeigt), der alle „materiellen Substrate", alle ungleichen Verteilungen von „Vermögen" (im Sinne von „Haben" *und* „Können") einer Thematisierung durch das Recht entzogen hatte. Unter der selbstaufklärenden Perspektive einer Theorie, die unter dem Aspekt der rekursiv-geschlossenen Autonomie des Rechtssystems eine neue Semantik von „Freiheit" (re)konstruieren kann, ist eine derartige *rechtliche* Thematisierung allererst möglich.

Hieran soll, nach einer Befassung mit dem Verhältnis von „Offenheit und Geschlossenheit" im 4.Kapitel, im abschließenden 5.Kapitel wieder angeknüpft werden. Im 3.Kapitel folgt zunächst der Versuch einer Rekonstruktion der Entwicklung der Rechtskategorie anhand der (impliziten) Geschlossenheits-Offenheits-Dialektik. Ausgangspunkt hierfür soll die soeben dargestellte zirkuläre Geschlossenheit von Selbstreferenz sein: Um die bloße Tautologie des Rückbezugs auf sich selbst zu „unterbrechen", müssen Außenverweisungen „eingebaut" werden.[178] Ein System *asymmetriert* sich in struktureller und/oder zeitlicher Hinsicht, um seiner grundlegenden Tautologie (Paradoxie) zu entgehen.[179] Es wählt für seine Operationen Bezugspunkte, die in diesen Operationen „nicht mehr in Frage gestellt" und damit nicht mehr als „autopoietisch", sondern als „allopoietisch" gegeben behandelt werden.[180] Die Ebenen solcher Enttautologisierungen/Entparadoxierungen sind einmal der Code selbst, zum zweiten juristische Programmierungen. Anhand dieser beiden Ebenen soll verfolgt werden, wie Offenheit und Geschlossenheit durch Aysmmetrierungen „vermittelt" werden können.

---

[178] Luhmann 1984a, S. 631

[179] Vgl. Luhmann 1987c, S. 163

[180] Vgl. Luhmann 1984a, S. 631

3. Kapitel

Ansatzpunkte für eine Rekonstruktion der Rechtskategorie

I. Öffnung des Codes?

Als „Grundform" der Entparadoxierung des Rechts hatten wir den binären Code von Recht und Unrecht/nicht-Recht angesehen. Die Tautologie „Recht ist Recht" bzw. die Paradoxie „Recht ist Unrecht/nicht-Recht" wird zu „Recht ≠ Unrecht/nicht-Recht" transformiert und aufgrund der Favorisierung des Werts „Recht" asymmetriert. In Bezug auf das Rechtssystem war das Prozessieren von „Normativität" anhand des Codes als Beispiel für autopoietische Geschlossenheit beschrieben worden, der die Umweltöffnung durch kognitive Operationen (Programme) gegenübersteht. Nunmehr soll überprüft werden, ob die Identifizierung des Codes mit „normativer Geschlossenheit" weiteren Überlegungen standhält: Der Versuch gilt der Möglichkeit, eine *„Öffnung" des Codes* zu erreichen (und *insofern* „normative Offenheit" zu denken). Die Beschreibung des Codes als „autopoietisch geschlossen" läßt alle anderen Systemreferenzen und damit die Umwelteingebundenheit (die „Polykontexturalität"[1]) des Rechts unberücksichtigt. Erst durch eine Öffnung des Codes könnte die Rechtskategorie Umweltbezüge „in sich aufnehmen". Dazu müßte aber die *Dualität* von Recht und nicht-Recht zu einem *„mehrwertigen"* Code erweitert werden. Der Code basiert auf Ja-nein-Stellungnahmen, d.h. jeder der beiden „Werte" ist die Negation des jeweils anderen. Vorausgesetzt ist eine „zweiwertige" Logik. Ein „mehrwertiger" Code läßt sich also nicht in der Weise konstruieren, daß „zwischen" die Pole von Recht und nicht-Recht „dritte" Werte eingefügt werden. Auch wenn man die Polarität des Codes zu einem Kontinuum hin auflöste (also beliebige Zwischenwerte zwischen Recht und nicht-Recht einführte)[2], bliebe die Orientierung an jeweils einer Seite des Codes erhalten. Der Wert „1/2 Recht = 1/2 nicht-Recht" (als beliebiges Beispiel) wäre also gleichermaßen dem Schema einer binär strukturierten Normativität verhaftet.[3] Ein „mehrwertiger" Code hätte daher eine *„mehrwertige Logik"* zur Voraussetzung[4], die auf der Einführung eines *„Rejektionswerts"*[5] basiert. Ein solcher

---

[1] G.Günther 1976ff. II, S. 189, 191; Luhmann 1986f, S. 180; Luhmann 1986c, S. 179f.

[2] Im Sinne einer Wahrscheinlichkeits- oder Modalitätslogik; vgl. G.Günther 1976ff. II, S. 183, 189f.

[3] Ein gleichartiges Ergebnis (einer „Relativierung" der Polarität) sollte daher auf der Ebene juristischer Programme gesucht werden.

[4] Hierzu vgl. G.Günther, Die Theorie der ‚mehrwertigen' Logik, in: ders. 1976ff.II, S. 181ff.; ders., Das Problem einer trans-klassischen Logik, ebd.III, S. 73ff.; Luhmann 1986f, S. 180ff.

„Rejektionswert" stellt eine zweite Negation „höherer" Stufe gegenüber der im Rahmen des binären Codes möglichen ersten Negation dar.[6] Während hier („intra-kontexturell") Recht oder nicht-Recht als Wert des Codes negiert wird (Hegels „Aufheben" im Sinne von „Vernichten"), ermöglicht der „Rejektionswert" die „Rejektion der angebotenen *Alternative*"[7] („trans-kontextuelle" Negation; Hegels „Aufheben" im Sinne von „Bewahren")[8]: „In dieser neuen Operation wird die Gesamtheit einer Kontextur dadurch ‚verneint', daß man an ihre Stelle nicht das Nichts, sondern eine andere positive Kontextur setzt".[9] Mehrwertige Logiken sind also „Vermittlungs"strukturen im Hegelschen Sinne.[10]

Eine Umstellung auf einen mehrwertigen Code könnte die Möglichkeit eröffnen, das Recht an andere soziale Kommunikationscodes anzuschließen und es damit von „Monokontexturalität" auf „Polykontexturalität" umzustellen.[11] Für die Einführung eines mehrwertigen Codes sprächen im übrigen genau die Gründe, die zur theoretischen Aufgabe des Rechtssubjekts und zum Abbau von Subjekt-Objekt-Dichotomien ganz allgemein geführt haben. Denn die klassische Logik setzt ein „ontologisches" Weltverständnis (von wahr und falsch) voraus[12] (und keine Systemrelativität von Beobachtungen) und damit eine Beziehung eines „externen" Subjekts zur Welt (entsprechend einer Gesellschaft, die sich als der Natur „gegenüberstehend" empfindet[13]): „Die aus diesem zweiwertigen Gegensatz sich entwickelnde Systematik der Rationalität stellt die unmittelbare Beziehung von Bewußtsein-überhaupt (Denken) zur Welt-überhaupt (Gedachtes) dar ... Subjekt und Objekt machen die ganze Wirklichkeit aus. Ein ‚Drittes' gibt es nicht."[14]

Durch den Übergang zur Theorie der operativen Selbstreferenz haben wir theoretisch darauf verzichtet, das Bewußtsein oder das transzendentale Subjekt zum „Subjekt der Objekte"[15] zu erklären; eine mehrwertige Logik würde dieser Einsicht entsprechen. Rejektionswerte, die sich auf die Verwerfung *anderer* Codes beziehen, waren immer schon für die Ausdifferenzierung gesellschaftlicher Spezialsemantiken erforderlich gewesen; der eigene Code *selber* fungiert insoweit als Rejektionswert[16] (: Recht und nicht-Recht rejiziert wahr und falsch

[5] G.Günther 1976ff.I, S. 189ff.; Luhmann 1986f, S. 181ff.

[6] G.Günther 1976ff.III, S. 189

[7] Ebd. I, S. 229 (Hervorhebung v. Verf.)

[8] Ebd. III, S. 189

[9] Ebd.

[10] Ebd. S. 181

[11] Vgl. ebd. II, S. 189, 191; Luhmann 1986f, S. 181f.

[12] G.Günther 1976ff. II, S. 182; vgl. Luhmann 1984a, S. 144f.

[13] Luhmann 1984a, S. 144; ders. 1987a, S. 37

[14] G.Günther 1976ff.I, S. 24ff.(25) (Die philosophische Idee einer nicht-aristotelischen Logik)

[15] Luhmann 1981a, S. 144

usf.). Die Einführung eines Rejektionswerts *in* das Recht bedeutete das *Reflexivwerden des eigenen Codes,* der akzeptiert oder rejiziert werden könnte.[17] Es müßte also stets eine doppelte Entscheidung gefällt werden: zunächst, ob die Verwendung des eigenen Codes bejaht oder verneint werden soll und sodann die „inhaltliche" Entscheidung nach Maßgabe des gewählten Codes.[18]

— Nach welchen Kriterien sollte es aber beispielsweise möglich sein zu entscheiden, ob die vertragliche Vereinbarung zwischen „Leihmutter" („Mietmutter") und den zahlenden „Wunscheltern" *nicht* danach beurteilt werden soll, ob sie rechtens oder rechtswidrig sei[19], sondern nach Maßgabe eines *anderen* Codes, und wenn ja, nach welchem (z.B. dem moralischen, ökonomischen, politischen)? Und welche Konsequenz hätte eine Entscheidung nach einem anderen Code für das Rechtssystem, in dessen Rahmen sie ja gefällt werden müßte? Es wird sofort deutlich, daß die „logisch" zunächst einleuchtende Möglichkeit eines drei- oder mehrwertigen Codes praktisch zur Chaotisierung oder Auflösung der rechtlichen Kommunikation führen müßte.[20] Diese Folge träte nur dann nicht ein, gäbe es auf der Ebene der Entscheidungsprogramme eine Programmhierarchie, in der Programme, die die Akzeptation oder Rejektion des Codes regeln, von Programmen unterschieden werden könnten, die kraft dieser Metaprogramme als materielle Entscheidungsbasis zum Einsatz kommen.[21] Da für die Möglichkeit einer solchen Ebenenhierarchie auf Programmebene nichts ersichtlich ist, steht zugleich fest, daß die Ebene des Codes *kein* geeigneter Ansatzpunkt für eine mögliche Veränderung der Rechtskategorie sein kann. Ein Recht, in dem nicht *jedes* Ereignis und *jede* Handlung an Normativität angeschlossen bleibt, erscheint auch zukünftig nicht denkbar; der binäre Code von Recht und nicht-Recht/Unrecht kann nicht verändert werden.

II. Von struktureller zu temporaler Entparadoxierung: die „Prozeduralisierung" des Rechts auf der Ebene der Programme

Die Entparadoxierungsleistung durch den Code reicht nicht aus, um die Operationen des Rechtssystems über ihre tautologische Geschlossenheit hinauszuführen. Anhand der binären Polarisierung ließe sich nur sagen, daß etwas Recht sei, weil nicht nicht-Recht. Es ist also eine weitere „Entfaltung" der Tautologie im Sinne einer Asymmetrierung erforderlich. Dies geschieht durch (Entscheidungs-)*Programme* als der Gesamtheit der Regeln, die (traditionell gesprochen:) „richtige" Zuordnungen von Inhalten auf die Werte des Codes gewährleisten sollen.[22]

---

[16] Luhmann 1986f, S. 182, 190f.

[17] Ebd. S. 186

[18] Ebd. S. 186f.

[19] Vgl. dazu z.B. OLG Hamm NJW 1986, S. 781ff.; LG Freiburg NJW 1987, S. 1486ff.

[20] Luhmann 1986f, S. 188

[21] Ebd.

[22] Vgl. oben Kap.2 II.2.d)

Im Rahmen juristischer Dogmatik ist die allgemeine Form, in der ein solches Prozedieren-von-Sinn-in-Bezug-auf-den-Code auftritt, die von *Begründung*. Jeder Grund wird „gesetzt" als Be-gründung für die zu begründende Zuordnung zu „Recht" (und nicht zu „Unrecht/nicht-Recht") und stellt sich somit als „Ursache" für eine Entscheidung dar.[23] Alle anderen Gründe (aufgrund derer die Entscheidung als rechtswidrig statt als rechtmäßig erschiene) werden gegenüber dem (den) „tragenden" Grund (Gründen) als nicht ausschlaggebend vernachlässigt. Durch diesen Einbau von Asymmetrien kann die tautologische Geschlossenheit des Systems natürlich nicht „gesprengt", jedoch gleichsam „entschärft" werden, indem sie im Rahmen des juristischen „Normaldiskurses" unsichtbar bleibt.[24] „Der Begriff der Gründe suggeriert eine Möglichkeit der Zuspitzung der Entscheidungsprobleme, eine Möglichkeit der ‚Punktuierung', die in der Wirklichkeit des Sinnzusammenhangs der Argumente angesichts ihrer zirkulären Interdependenzen nicht begründet ist."[25] Da jeder „Grund" nur eine spezifische (vereinfachte) (Selbst-)Beschreibung im System ist, ist er kontingent, d.h. auch anders möglich.[26] Demgegenüber schafft die juristische „*Dogmatik*" einen Anschlußzwang neuer Begründungen an bisher vorhandene (zumindest: „antizipierbare/denkbare/mögliche") Argumente, der gewährleistet, daß nicht *beliebige* Gründe gewählt werden können. „Nicht anschlußfähige" Gründe sind im Rahmen des Systems — jedenfalls zunächst — „unmaßgeblich" und können institutionell (d.h. in Entscheidungen) nicht berücksichtigt werden. Die Auswahl und der Zusammenhang von Argumenten und ihr Bezug zu möglichen Gegenargumenten erhalten durch bisher im „Systemgedächtnis" gespeicherte Argumentations- und Gegenargumentationszusammenhänge für das System „Plausibilität".[27] Durch solche *Redundanz*[28] wird juristische Entscheidungsarbeit jenseits der grundlegenden Paradoxie/Tautologie mit (relativen) Sicherheiten im Sinne von Erwartbarkeiten ausgestattet.

An den Stellen, an denen die Paradoxie bislang gleichwohl aufgrund der Systemorganisation durchscheinen durfte, wurde sie zugleich durch weitere „Entfaltung" entschärft: beim gerichtlichen Instanzenzug durch die *Hierarchisierung* der Entscheidungsbefugnis und bei der Änderung von Norminterpretationen durch den Bezug auf *Zeit*. Wenn ein Obergericht die Entscheidung der unteren Instanz aufgrund anderer (Norm-)Begründungen aufhebt, stellt sich die erste Entscheidung (die zunächst mit „guten Gründen" beanspruchen konnte, das Recht zu verkörpern) ex post als „rechtsirrig" dar. Die hier systemimmanent zugelassene Paradoxie Recht = nicht-Recht „verschwindet" durch die hierarchische Asymmetrierung: die „besseren" Gründe liegen bei der Oberinstanz.

[23] Vgl. Luhmann 1984d, S. 46ff.

[24] Luhmann 1985b, S. 15; ders. 1987c, S. 163 (:„Invisibilisierung")

[25] Luhmann 1984d, S. 48

[26] Ebd. S. 47

[27] Vgl. ebd., S. 43ff.

[28] Ebd. S. 44f.; vgl. Luhmann 1985b, S. 14

[29] Luhmann 1986f, S. 191

Ändert sich eine bisherige (Grundsatz-)Rechtsprechung, so kann die drohende Paradoxie dadurch aufgefangen werden, daß der Umschlag von Recht in nicht-Recht auf die Zeitachse projiziert *und* an gewandelte Umstände/Ansichten angekoppelt wird; was gestern (besser noch: „vorgestern") Recht war, erscheint heute als nicht-Recht (besser natürlich: als „Unrecht"). Im günstigsten Fall gewährleistet hier bereits die sehr große Zeitdifferenz und der erfolgte säkulare Wandel von Rechtsansichten, daß die Paradoxie nicht als solche thematisiert werden muß. Das Problem wird umso evidenter, je mehr sich der Abstand auf der Zeitskala verringert und unterschiedliche Begründungen als kontingent erfahren werden, also unter den heutigen Bedingungen einer zunehmenden „Verrechtlichung" im modernen „Wohlfahrtsstaat".

1. Strukturelle Entparadoxierung

Im „klassischen" Modell des Rechtsstaats war die Entparadoxierung durchgängig als *strukturelle* gedacht. Die asymmetrischen Unterscheidungen von Recht und Unrecht (auf der Ebene des Codes) und von zutreffenden und unzutreffenden Gründen (Bestimmung des „richtigen" Rechts auf der Ebene der Programme) wurden an eine *andere* Unterscheidung angeschlossen: an die strukturelle Differenz von *Gesetzgebung und Rechtsprechung.*[29] „...An die Stelle der auf Paradoxien auflaufenden zirkulären Selbstreferenz (wird) eine Unterscheidung gesetzt, an der man sich ‚statt dessen' zu orientieren hat."[30] Diese Differenz ist sowohl im Rechtssystem als auch im politischen System „eingebaut", so daß der Staat qua Rechtsstaat sich ebensosehr am Recht orientieren muß (...„Eingriffe in Freiheit und Eigentum"...) wie umgekehrt das Recht am „Willen" des politischen Staates (Parlament als Gesetzgeber).[31]

Methodentheoretisch entsprach diesem Entparadoxierungsmodell eine Vorstellung von „Normanwendung", nach der die vom Gesetzgeber geschaffene „Norm an sich" (als Text an sich) vorgegeben sei und durch einen Subsumtionsakt des Richters auf einen (ebenso vorgegebenen) (Lebens-)„Sachverhalt" bezogen werden könne. Der „Justizsyllogismus" erscheint dann als deduktiver, logisch bestimmter Akt.[32]

Die strukturelle Entparadoxierung im „liberalen Modell" stimmte mit den *politischen* Vorstellungen des Bürgertums überein, das seine Freiheit in Abgrenzung von der „Unfreiheit" der feudalen Gesellschaft konstituiert hatte und aufgrund der soziologisch homogenen Zusammensetzung des Parlaments (: als Repräsentationsorgan der Freien und Gleichen) darauf vertrauen konnte, daß die Gesetzgebung Garant seiner Interessendurchsetzung sein würde.[33] Der

---

[30] Ebd. S. 192

[31] Ebd. S. 191

[32] Vgl. Engisch 1971, S. 43ff.; Larenz 1960, S. 195ff.

[33] „Für das Bürgertum wirkt ... der formale Rechtsstaat in materialer Absicht." — Maus 1978, S. 29

Rechtsstaat — als Staatssubjekt ausdifferenziert und in Differenz zur bürgerlichen Marktgesellschaft gesetzt — konnte als Allgemeines die Partikularität der Bourgeois überspannen und zugleich für die Einheit der bürgerlichen Gesellschaft als rechtlich verfaßter sorgen. Positivistische „Legalität" war damit ursprünglich politisch höchst voraussetzungsvoll; sie basierte auf der Gleichartigkeit des politischen „Willens" in der „Normalität" der bürgerlichen Gesellschaft[34] („Shared experiences lead to shared interpretations"[35]).

Die Seiten der strukturellen Unterscheidung standen im Verhältnis des *Allgemeinen* zum *Besonderen,* so daß sich das jeweils Besondere (das subjektive Recht, der Eigentümer und Vertragsschließende, der Gesetzesanwender usf.) als „Bestandteil" des Allgemeinen (des objektiven Rechts, des Marktes, der Gesetzgebung) denken konnte. Möglichkeitsbedingung für dieses Modell war die Externalisierung des Subjekts, also eine Abstraktionsleistung, die sich als *Trennung* darstellte.[36] Durch den Wiedereintritt der Unterscheidung in das Unterschiedene konnten alle spezifischen Strukturdifferenzierungen jeweils intern berücksichtigt werden, also vom Staat und der Gesellschaft die Differenz von Staat und Gesellschaft, vom Parlament und vom Richter die Differenz zwischen Gesetzgebung und Gesetzesanwendung usw.

Da sich im *Subjekt* — als Vermittlungskategorie, die es war — Allgemeinheit und Besonderheit zusammenschlossen, konnte es *zugleich* „frei" handeln *und* sich in die Normalitäts- und Gleichgewichtszusammenhänge von Rechts- und Marktgesetz integriert wissen. Das Rechtssubjekt war sowohl Subjekt seiner eigenen Gesetzgebung wie das Gesetz umgekehrt dessen „Voraussetzung"[37] darstellte, indem es, als vom Subjekt getrennte objektive und stabile Rahmenordnung, dieses erst als „Subjekt" „anrief".[38] Einerseits konnte sich das Subjekt somit als „Ursprung" von Kausalreihen verstehen, so daß die soziale Synthesis als durch die Handlungen verantwortlicher Individuen hergestellt erschien[39] (Wahrnehmung subjektiver Rechte), und andererseits als „unbeteiligten Zuschauer", der die allgemeinen Handlungsregeln kennt (objektives Recht als kongruente Generalisierung von Erwartungen) oder sie in Zweifelsfällen aus dem vorgegebenen Regelungsbestand der Normen ableiten kann (Interpretationsparadigma[40]).

Auch im *ökonomischen* System waren die frei tauschenden Subjekte sowohl voneinander als auch vom Gesamtzusammenhang der kollektiven Organisation

---

[34] Vgl. C.Schmitt, Legalität und Legitimität, in Schmitt 1958, S. 263ff. (277f., 281f., 284f.); ders. 1934, S. 40; Maus 1976, S. 81ff.; dies. 1978, S. 22f.

[35] Hejl in Benseler 1980, S. 159

[36] Vgl. Ladeur 1986a, S. 60, 65ff.

[37] Ladeur 1983, S. 470

[38] Ebd.

[39] Ebd. S. 464

[40] Hierzu sogleich unter 2)

der Bedürfnisbefriedigung getrennt und durften dennoch aufgrund des allgemeinen „Marktgesetzes" „gerechte" Verteilungsergebnisse erwarten.

An der durch die Dichotomie von Allgemeinem und Besonderem gebildeten Matrix der strukturellen Entparadoxierung[41] wird also nochmals deutlich, daß die bürgerliche „Revolution" zwar auf einem säkularen Wandel aufbaut, den bürgerlichen Zustand (als „Jetztzeit" der Moderne[42]) aber so „stillstellen" will, daß sich alles Neue *darin* entfaltet („...daß das Neue sich also als ‚Besonderes' unter das allgemeine Rechtsmodell subsumieren ließe"[43]).

2. Das Modell in seiner historischen Entwicklung

Das „liberale" Modell struktureller Entparadoxierung hat bis in die heutige Zeit praktisch ebensogut funktioniert (allerdings mit abnehmender Tendenz) wie die rechtliche Orientierung an ihm stets mißlang.

Es funktionierte insofern, als in der Tat Gesetzgebung und Rechtsprechung institutionell ausdifferenziert waren und sind und diese Differenzierung von der Rechtspraxis benutzt und bestätigt wurde und wird.[44]

Daß die Verwirklichung der Unterscheidung zugleich von Anbeginn scheiterte, wird schon aus der Vergeblichkeit aller Auslegungsverbote (etwa des preußischen Allgemeinen Landrechts) deutlich.[45] Die Einsicht in die Unmöglichkeit einer strikten Trennung von Gesetzgebung und Gesetzesanwendung führte aber zunächst noch keinen Paradigmenwechsel[46] herbei. Vielmehr konnte die strukturelle Entparadoxierung dadurch aufrechterhalten werden, daß an der Vorstellung von der inhaltlichen Bestimmung der Norm durch den Gesetzgeber festgehalten und die Kluft zwischen Normtext und Normanwendung durch „*Interpretation*" geschlossen wurde (die von „Rechtsfortbildung"/„Analogie" scharf abzugrenzen war).[47] Indem „Auslegung" auf der allgemeinen Ebene des Normtexts angesiedelt wurde und der so ermittelte „Norminhalt" dadurch an den (politischen) „Willen" des „Gesetzgebers" rückgekoppelt war, konnte die Strukturdifferenz erhalten bleiben. Als Ergebnis von Auslegung war die Vermittlung von Normtext und Sachverhalt kein Problem mehr, so daß die Form logisch-deduktiven Schließens (als „Syllogismus") beibehalten werden konnte. Juristisches Arbeitswissen erschien in der Gestalt von „*Methodenlehre*" qua Auslegungslehre[48]: das Gesetz konnte

[41] Ladeur 1986a, S. 66 (:„Matrix der Trennungen")

[42] Habermas 1985a, S. 14f.

[43] Ladeur 1986a, S. 65

[44] Luhmann 1986f, S. 191f.

[45] Vgl. Maus 1986b, S. 394

[46] Hierzu vgl. unten Kap.4.III.1.

[47] Vgl. Savigny 1840ff. I, S. 220, 238ff.

[48] Vgl. Savigny ebd., S. 206ff.; Engisch 1971.Die hier nachgezeichnete „Modellgeschichte" vernachlässigt zum einen Brüche und zeitliche Asynchronitäten in der „Realge-

„grammatisch", „logisch", „systematisch" und „historisch"[49] nach dem zugrundeliegenden „Gedanken" des Gesetzgebers[50] befragt werden. Daß sich auch durch diese Auslegungs-„canones" eine strukturelle Entparadoxierung nicht generell durchhalten ließ, zeigt sich an der gleichzeitigen Einführung der „ratio legis" als zulässiger Erkenntnismethode[51]: „Ist es nun die Aufgabe der Auslegung, uns den Inhalt des Gesetzes zum Bewußtseyn zu bringen, so liegt Alles, was nicht Theil dieses Inhalts ist, wie verwandt es ihm auch seyn möge, streng genommen außer den Gränzen jener Aufgabe".[52] Die strukturelle Differenz zwischen dem vorgegebenen Gesetzes„inhalt" und der Gesetzesanwendung begann sich damit zu verwischen. Sollte zunächst die ratio legis zur Auslegung von Normen nur „mit großer Vorsicht"[53] herangezogen werden dürfen, wurde die Orientierung am „Grund", „Zweck" oder der „Absicht"[54] des Gesetzes im zwanzigsten Jahrhundert zur „teleologischen" Auslegungsmethode[55] verselbständigt. Der Blick löste sich von der Fixierung auf die Erkenntnis des „Gedankens" des Gesetzgebers und richtete sich entweder („reifizierend") auf einen „objektivierten" „Geist" der Norm[56] oder („reflexiv") auf die „Grundsätze und Normen" bestimmende „Jurisprudenz der Gegenwart"[57] Denn es zeigte sich, „(1) daß die Norm nicht im Text selbst liegt, sondern irgendwie ‚dahinter steht', daß der für ihre Auslegung maßgebende ‚Grundgedanke', ihre ‚ratio', wieder ‚dahinter' steht, (2) daß von entscheidendem Einfluß auf das Normverständnis, damit auf die Normbedeutung, damit auf den Norminhalt alle jenen dogmatischen Infrastrukturen und Vorverständnisse sind, von denen teils schon die Normsetzung ausgegangen ist, die teils aber ebenso maßgeblich das Vorverständnis des Normzwecks und seiner Vereinbarkeit mit anderen Normzwecken in der Gegenwart bestimmen, und (3) daß ‚hinter alledem' auch noch die gesamte mitbestimmende Kulisse von gerechtig-

schichte". So wäre es gewiß falsch, Savignys „historische Rechtswissenschaft" als Beginn des positivistischen „Subsumtionsdenkens" des neunzehnten Jahrhunderts zu begreifen (vgl. dazu Fikentscher 1975ff. III, S. 55ff.; Wiethölter 1974c, S. 51ff.; Joerges 1987, S. 167f.). Zum anderen läßt eine solche Geschichte der Selbst*beschreibungen* die Kontinuität der Selbst*reproduktion* (seit Savigny) unberücksichtigt, die „der nunmehr fast 200 Jahre alte juristische ‚Volkskrieg' zwischen ‚begrifflicher' und ‚wertender' Jurisprudenz" durch „Scheingegensätze und Überstilisierungen" überdeckt hat (Wiethölter 1977b, S. 237): „Es ist ... bei einer Einheit von Rechtswissenschaft, Rechtsdogmatik, Rechtssystem geblieben, von der her Juristen ‚als solche' ihre Handlungsweisen legitimieren können" (ebd. S. 237; vgl. insgesamt S. 233ff.).

[49] Savigny ebd., S. 212ff.

[50] Ebd. S. 213

[51] Ebd. S. 216ff.

[52] Ebd. S. 216f.

[53] Ebd. S. 220

[54] Ebd. S. 217

[55] Vgl. Fikentscher 1975ff.III, S. 676ff.; IV, S. 356

[56] Vgl. Larenz 1960, S. 237ff., ders.1969, S. 296ff.; C.Schmitt 1934, S. 31

[57] Vgl. Esser 1964, S. 171ff. (174)

keitsimplizierten Postulaten steht, die aus der Normanwendung nicht weggedacht werden können, ohne daß sie sich zu Unrecht wandelte, ja, es wölbt sich gleichsam über alledem noch die Vorstellung eines Systems, in welchem diese Postulate mit all jenen Einzelheiten des Normverständnisses sich in einer unterstellten zeitlichen oder überzeitlichen Harmonie vereinigen."[58]

Auch diese Entwicklung konnte zunächst als „Interpretations-", „Erkenntnis-" oder „Verstehens"problem behandelt[59] und dadurch in seiner Bedeutung für das Entparadoxierungsmodell entschärft werden (:„Hermeneutik"[60]), wenngleich dadurch deutlich geworden war, daß es „Rechtsanwendung" als „Ableitung" aus dem Gesetz im „logischen"/„syllogistischen" Sinn nicht geben kann.[61] Rechtliche Regeln konstituieren sich als Regeln nur anhand von Sachverhalten, statt als Normen-an-sich unabhängig von ihren Anwendungsbedingungen zu existieren. Der Akzent hatte sich damit von dem Gegensatz von Allgemeinem (der Norm) und Besonderem (der Anwendung) verschoben auf die Anerkennung eines „Mittelfeldes", in dem im Rahmen der juristischen Dogmatik qua „Interpretation"/„Verstehen" die „Norm" erst hergestellt wird.[62]

Mit der Aufgabe der Vorstellung einer *Hierarchie* von Anwendung, Norm, Metanorm, ratio legis etc. ist aber die Basis für das Interpretationsparadigma bereits entfallen.[63] Die Texte, Metatexte, „Ideen" usw. werden in den hermeneutischen *Zirkel* von Vorverständnis und Verständnis eingezogen, Grund und zu Begründendes sind rekursiv zusammengeschlossen. Die „Illusion des An-und-für-sich-Seins der Regel"[64], die durch die Vertextung entstand, wird zerstört und die „zugrundeliegende zirkuläre Konstitution"[65] tritt in Erscheinung. Die strukturelle Differenz von Gesetzgebung und Rechtsanwendung verliert damit ihre handlungsanleitende Kraft und ihre legitimierende Funktion für die juristische Entscheidungsarbeit. Was an „Richtigkeitskontrolle" bleibt, wird — als „Verweisung auf Wertvorstellungen und Standards, die letztlich der Interpret selbst aus seiner Konsenserwartung auswählen muß"[66] — in den *individuellen* Horizont des Juristen zurückverwiesen und damit geöffnet für jeweils unterschiedliche (Vor-)Verständnisse von (insbesondere: Materialisierungs-) Programmen. Der Hinweis auf die „Schlüsselstellung von Sprache und Hermeneutik"[67] für diesen Prozeß kann nur den Zirkel benennen, aber keine neuen Kriterien für rechtliches Handeln liefern.

---

[58] Esser 1970, S. 72

[59] Vgl. Esser 1970, S. 14ff., 29ff., 111ff.

[60] Ebd. S. 133ff.

[61] Ebd. S. 71ff.

[62] Vgl. Esser 1964, S. 107ff., 242ff.

[63] Vgl. Luhmann 1984d, S. 5

[64] Luhmann 1984d, S. 4f.

[65] Ebd.; vgl. ders. 1983b, S. 140f.

[66] Esser 1970, S. 138

[67] Ebd. S. 133

Bezieht man die Erkenntnisse der hermeneutischen Methodenkritik auf das Paradigma selbstreferentieller Systeme, wird deutlich, weshalb dies auch nicht anders sein kann.

Abgelöst vom Bezug auf individuelle Subjekte der Erkenntnis/Interpretation kehrt die Geschlossenheit des „hermeneutischen Zirkels" wieder als die Geschlossenheit der autopoietischen Reproduktion des Rechtssystems selbst: Die hermeneutische Kritik benennt also — in der Sprache des Erkenntnissubjekts — den tautologischen Charakter selbstreferentieller Prozesse; insofern stimmt sie mit der Theorie der Autopoiesis überein.

Soviel aber der hermeneutische Ansatz für die Dekonstruktion natur- und vernunftrechtlicher Traditionen leisten kann,[68] sowenig vermag er zur Konstruktion eines neuen Rechtsverständnisses beizutragen. Wie lange man auf dieser Ebene die Reproduktion des Rechts auch beobachtet, der Zirkel bleibt immer ein Zirkel.

Dagegen hatten wir oben die Notwendigkeit herausgestellt, daß das Rechtssystem die Tautologie seines Codes „entfaltet" und damit asymmetriert, um für seine internen Operationen ein Mindestmaß an Rationalität gewinnen zu können. Das Schwinden der historisch konkreten Möglichkeit struktureller Entparadoxierung ist deshalb das eigentlich erklärungsbedürftige Phänomen und Ansatzpunkt für eine konstruktive rechtstheoretische Arbeit.[69]

3. Die „Verzeitlichung" des Modells

Die historischen Entwicklungen, die zum Abbau struktureller Entparadoxierungen führten, hatten wir rekonstruiert als „Internalisierung von Subjekten" in selbstreferentielle Systemzusammenhänge (genauer: als Rückgängigmachung von ehemaligen Externalisierungen[70]).

Das *Staatssubjekt,* das als hypostasierter externer Fixpunkt eigentlicher Garant der symbolischen Einheit des Rechts (als Kohärenz seiner Programme) gewesen war[71], hat sich in dem Maße partikularisiert, in dem seine strukturelle Trennung von einer ihm gegenüberstehenden Gesellschaft durchbrochen wurde. Ein die Allgemeinheit repräsentierendes Subjekt der Gesetzgebung (verkörpert im Parlament), das die besonderen gesellschaftlichen Interessen sowohl auf*nehmen* als auch (durch das allgemeine Gesetz) auf*heben* könnte, ist von daher nicht mehr vorstellbar. Soziologisch war diese Erkenntnis spätestens mit der Zerstörung der bürgerlichen Homogenität des Parlaments im Jahre 1918 unausweichlich.[72]

Durch die Konzentrationsbewegung in der *Ökonomie* verschwand parallel hierzu die Vorstellung von der Zirkulationssphäre als einer „invisible hand", die

[68] Vgl. Luhmann 1984d, S. 6

[69] Vgl. Luhmann 1987b, S. 320

[70] Vgl. Luhmann 1984d, S. 9

[71] Vgl. Ladeur 1985, S. 425

[72] Vgl. Maus 1976, S. 15

als allgemeine Ordnung über den Köpfen der Bourgeois alle besonderen Produktionen vermittelte. In den Vordergrund traten stattdessen die Produktionssphäre und die von dieser mediatisierten Märkte als tendenziell sich selbst bestimmende Unternehmer-Zusammenhänge (Wettbewerb als „Entdeckungsverfahren" der beteiligten sozialen „Sachwalter")[73]

Muß unter dem neuen Selbstverständnis des Rechtssystems als autopoietischem System die Orientierung an der Hierarchie Gesetzgebung-Rechtsanwendung (auch) theoretisch aufgegeben werden, so gilt die Suche anderen Formen der Entparadoxierung, um nicht bei der Tautologie als solcher stehenzubleiben.[74]

Nicht nur der „Gesetzgeber", sondern auch alle anderen Externalisierungen in gleicher Funktion scheiden aufgrund der rekursiven Geschlossenheit des Rechtssystems als Entparadoxierungsmodell aus. Dies gilt insbesondere für Versuche einer Entparadoxierung durch Ankoppelung des Rechts an *andere* gesellschaftliche Subsysteme (Politik, Ökonomie), wie sie im Zeichen einer „Materialisierung des Formalrechts" stattgefunden haben.

Ein Anschluß an Politik bedeutet hierbei, situativ-strategisch politische Steuerungen in rechtliche Programme einzubauen.

Das Problem ist damit lediglich verschoben, denn „... die Paradoxie der Rechtskonstitution (wird) ... in die Intersystembeziehungen zwischen Recht und Politik ausgelagert ...".[75] Aus dem „Rechtsversagen" wird zugleich „Politikversagen". Praktisch verhindert die Pluralität gesellschaftlicher Werte (das Nichtbestehen eines „Wertekonsenses"), daß allgemein verbindliche Materialisierungen gefunden werden können. Das Mieterschutzrecht — als Beispiel — ist dann wandelbar je nachdem, wie sich aus der Perspektive des jeweiligen Gesetzgebungskompromisses Mieter- und Vermieter„interessen" im Zusammenhang mit Grundstücks-, Bau- und Mietwohnungsmärkten, der allgemeinen wirtschaftlichen Entwicklung, sozialpolitischen Vorstellungen usf. darstellen.

Stattdessen wäre das Recht zunehmend auf Formen *temporaler* Entparadoxierung umzustellen.[76] Der Zeitaspekt, der im „liberalen" Modell nur ausnahmsweise — im Rahmen einer langfristigen Evolution des Rechts — in den Blick kommen durfte[77], rückt damit ins Zentrum rechtlicher Selbstbeschreibung. Der Code von Recht und nicht-Recht muß zwar — wie oben aufgezeigt — *logisch* aufrechterhalten bleiben; Normativität (als Zuordnung zu den Werten des Codes, die durch rechtliche Programme erfolgt) wird aber zugleich

[73] Vgl. Wiethölter 1982a, S. 134f.; ders. 1986b, S. 27f.

[74] Vgl. Luhmann 1983b, S. 140; ders.1987a, S. 39; ders. 1987b, S. 320

[75] Luhmann 1984d, S. 7

[76] Zum Begriff „Temporalisierung" allgemein vgl. Luhmann 1984a, S. 76ff.; zum Recht S. 86f., 193; ders. 1987c, S. 167ff.

[77] Obgleich mit der „Vollpositivierung" des Rechts für dessen Autopoiesis bereits ein Stand erreicht war, der den Anschluß an die Zeitdimension prinzipiell gewährleistete — Selbstreproduktion und Selbstbeschreibung waren noch nicht im Einklang (vgl. Luhmann 1981d, S. 128ff.)

verzeitlicht und damit *kontextabhängig* („Prozeduralisierung"). Mit dem Scheitern des bürgerlichen Versuchs, die „Jetztzeit der Moderne" für alle Zeiten stillzustellen, schwindet auch die daran gekoppelte Hoffnung auf eine zeit- und raumlose Universalität des Rechts.

Entscheidungen im Bereich der Gesetzgebung *und* der Rechts„anwendung" müssen dann an offenen *Zukunftshorizonten* orientiert werden.[78] Unter (notwendigerweise hypothetischer[79]) Berücksichtigung der *bisherigen* Geschichte und des gesamten *gegenwärtigen* Wissens ist Recht Recht, was sich aber unter geänderten Bedingungen *zukünftig* ändern kann:[80] das Recht gilt „als momentan eingefrorene Präferenz".[81]

Dies hat zur Konsequenz, daß rechtliche Normativität stärker als bisher an *kognitive* Erfahrungen und Lernprozesse anzuschließen ist[82] (: „... inhaltliche ... Programme werden bestimmt aus den Verwirklichungs-Auswirkungen von Recht ..."[83]). Daß eine solche kognitive Orientierung nur im Rahmen des Rechtssystems (also zu dessen *eigenen* Bedingungen) erfolgen kann, resultiert aus seiner selbstreferentiellen Konstitution. Ein *direkter* Einfluß anderer gesellschaftlicher Subsysteme (anderer „Codes") — wie der Politik und der Ökonomie — auf das rekursiv geschlossene Rechtssystem ist nicht möglich; nur was das System selbst als kognitive Vorgabe zuläßt, kann von ihm nach Maßgabe des eigenen Codes bearbeitet werden.[84]

Durch die Umstellung auf temporalisierte Asymmetrien und die dadurch bedingte erhöhte kognitive Orientierung entsteht strukturell eine wesentlich größere *Offenheit für Alternativen*[85]: Nur in jedem Augenblick (und nicht auf Dauer) kann entschieden werden, welche Erfahrungen und welches Wissen in die Entscheidung für „Recht" (und gegen „nicht-Recht") eingehen. Und: „Je größer der Zeithorizont eines Projekts ist, desto geringer ist der Wert des gegenwärtigen Wissens und die Qualität einer politisch/rechtlichen Entscheidung".[86] Verändern sich soziale Verhältnisse und Einschätzungen aus der Perspektive des Rechtssystems, ist eine neue Beurteilung möglich.

[78] Die frühere Differenzierung Luhmanns zwischen „programmierendem und programmiertem Entscheiden" (vgl. z.B. 1981d, S. 134ff.) verliert somit unter autopoietischem Vorzeichen ihre strukturelle Plausibilität.

[79] Vgl. Luhmann 1981d, S. 135

[80] Vgl. z.B. die Analyse Wiethölters von BVerfGE 50, S. 290ff. (Mitbestimmung) 1982c, S. 20ff.(23f.) (= 1986c, S. 235ff.[237f.]) Weiter hierzu unten Kap.5.III.2.

[81] Luhmann 1981d, S. 142

[82] „Kognition" als „Veränderung eines Systemzustands auf Grund von Beobachtungen (bzw. Beschreibungen)" — Luhmann 1987b, S. 311

[83] Wiethölter 1982c, S. 24 (= 1986c, S. 238(in „Rekontextualisierung" des Originalzitats: „Inhaltliche Verfassungsprogramme werden bestimmt aus den Verwirklichungs-Auswirkungen von Recht durch Politik auf *alle* Bürger ... "). Vgl. Willke 1983, S. 70

[84] Das „Einfluß"-Problem kehrt dann wieder unter den Stichworten „Interpenetration" und „Kommunikation" (siehe dazu unten Kap.4.II) sowie „Resonanz" (Kap.5.II)

[85] Vgl. Ladeur 1983, S. 226ff.; ders. 1984b, S. 9f.

[86] Ladeur 1985, S. 423

4. Funktionswandel der Normativität

a) *Normativität in der „Gesellschaft der Individuen“*[87]

Im bürgerlich-liberalen Modell war es das Spezifikum rechtlicher Normativität, *generalisierte* Erwartungen für den Fall von Enttäuschungen zu stabilisieren.[88] Dies galt jedenfalls für den Bereich des „abstrakten Rechts“, wo die durch Markt und Rechtsstaat vorstrukturierten Normalitätserwartungen normativ abgesichert werden konnten.[89] Durch die Kombination der Normierung von (explizierten oder implizierten) Marktverkehrserwartungen einerseits und der Errichtung von „Handlungsschranken“ als Begrenzung von Freiheitsspielräumen andererseits ergab sich eine Erwartenssicherheit im Sinne einer Kalkulierbarkeit ökonomischer Tätigkeit. (Demgegenüber vermochte das bürgerliche Recht für Orientierungen an Gebrauchswert- und Solidarinteressen eine solche Erwartenssicherheit nicht zu gewährleisten.[90]) Das Recht „war“[91] damit der Zusammenhang von allgemeinen Normen als „kongruent (zeitlich/sachlich/sozial) generalisierte(n) Verhaltenserwartungen“[92]: an ihnen konnte trotz Enttäuschungen festgehalten werden.[93]

Dies entsprach dem oben beschriebenen „liberalen Modell“ der „Gesellschaft der Individuen“: Vorausgesetzt war *einerseits* die Vorstellung eines *Gleichgewichts*, „in dem die Individuen nur abstrakte Komponenten der Gleichgewichtsfunktionen des Marktes und anderer ‚Normalitäten‘ waren“[94], und *andererseits* die „Zentralperspektive“ des individuellen *Rechtssubjekts* als Subjekt des Erkennens und Handelns. Im Rahmen dieser Selbstbeschreibung bestand die Aufgabe des Rechts darin, die vorausgesetzte Gleichgewichts-(Normalitäts-)Ordnung mit der Freiheit individuellen Handelns zu vermitteln.[95] Steuerung durch Recht war damit individuelle Verhaltenssteuerung qua Anpassung aller Abweichungen an die kongruent generalisierte Erwartungsnormativität. Im Konfliktfall konnte sich das Recht darauf beschränken, die konstant gehaltenen normativen Erwartungen („enttäuschungssicher“) zu bestätigen. Die *soziale Funktion* des Rechts lag in eben dieser Vermittlung von „Normalitätsordnung“ und „Freiheit“, also in der *„Homogenisierung gesellschaftlicher Werte“*[96].

Dies heißt nicht, daß die Aufgabe des Rechts nicht auch und gerade darin bestand und besteht, „Konfliktvorsorge“[97] zu treffen, so daß das Recht sich als

---

[87] Zum Begriff Ladeur 1986a, S. 60ff.

[88] So Luhmann noch in Bezug auf die gegenwärtige Rechtsfunktion; vgl. 1986g, S. 128

[89] Vgl. Ladeur 1985, S. 413; C.Schmitt 1934, S. 33f.

[90] Siehe die Analyse des „abstrakten Rechts“ oben Kap.1

[91] Besser vielleicht: als Recht wurde „erlebt“; vgl. Luhmann 1983b, S. 148

[92] Luhmann ebd.; vgl. ders. 1972 Bd.1, S. 94ff.(99)

[93] Luhmann 1983b, S. 148

[94] Ladeur 1985, S. 413; vgl. C.Schmitt 1958, S. 278f., 281f., 284f.

[95] Vgl. zum Subjekt als dem Zusammenhang von Vielheit und Einheit (unter Hinweis auf Kant) Luhmann 1984a, S. 51

[96] Ladeur 1983, S. 479 (dort nur „Werte“ hervorgehoben)

eine Art „Immunsystem“ der Gesellschaft beschreiben ließe.[98] Um die soziale Funktion aber genau von der *Leistung* zu unterscheiden, die das Recht für andere soziale Subsysteme erbringt, ist es erforderlich, das Spezifikum der rechtlichen Normativität in die Funktionsbeschreibung mit einzubeziehen. Gesellschaftliche Konflikte können schließlich auch anders als durch Recht gelöst werden (wenn auch möglicherweise um den Preis geringerer „Abnahmestabilität“) — etwa durch Selbsthilfe, Gewalt, Schlichtung, Delegation auf Politik oder Ökonomie.[99]

Die Funktion der Normativität, gesellschaftliche „Werte“ zu homogenisieren, galt allerdings immer nur für die „Normalitätsbereiche“, auf die sich das Recht (als „abstraktes Recht“) bezog, nämlich auf bürgerliche Gesellschaft (im Kern: Wirtschaftsgesellschaft) und bürgerlichen Staat (im Kern: Rechtsstaat). Hier setzte Hegels Kritik an. Indem er das Gewicht von der Seite der „Gleichgewichtsordnung“ auf die der „Freiheit“ verlagerte, löste er die statisch gedachte Ordnung dynamisch auf: über Markt und bürgerlichen „Not- und Verstandesstaat“ hinaus ging es um die Verwirklichung von Freiheit in sozialen Institutionen. Damit war das Verhältnis von „Normalitätsordnung“ und „Freiheit“ an die Zeitachse angeschlossen, denn das Recht mußte als gerichtete Veränderung Freiheit erst verwirklichen. Dies implizierte Teleologie: die Richtung der Veränderung stand schon fest.

Oben hatten wir gesehen, daß sich *dieses* Modell einer Temporalisierung des Rechts als theoretisch unhaltbar erwies; unter den gewählten Prämissen lassen sich die Grenzen der Rechtssubjektivität nicht transzendieren.

b) Normativität in der „Gesellschaft der Organisationen“[100]

Durch die Verlagerung von ökonomischen und politischen Handlungschancen von individuellen auf *korporative* Akteure (Unternehmen, Verbände, Parteien) ändert sich der Problembestand.[101] Strukturelle Differenzen in Gestalt von Allgemeinheiten und Besonderheiten werden der Tendenz nach eingezogen; weder Staat noch Markt können weiterhin als Vorgabe eines übergeordneten allgemeinen Zusammenhangs angesehen werden. Stattdessen geht eine „Fragmentierung“ politischer Gewalt Hand in Hand mit einer Integration von ökonomischen Akteuren in Organisationen. Das Ergebnis sind unterschiedliche „Arenen“ („Handlungsfelder/-netzwerke“)[102], die „quer“ zu der einstigen Trennung von Staat und Gesellschaft liegen und für deren Zusammenhalt bereichsspezifische Koordinationsprozesse erforderlich sind. Die Möglichkeit

---

[97] Luhmann 1986g, S. 128

[98] Luhmann 1984a, S. 504ff., 509ff.

[99] Vgl. Luhmann 1983b, S. 152

[100] Zum Begriff vgl. Ladeur 1986a, S. 62ff.

[101] Vgl. Neumann 1980, S. 314ff.; Offe 1984

[102] Vgl. Ladeur 1984a, S. 216ff.; ders. 1985, S. 418f.

einer *Generalisierung* von Verhaltenserwartungen wird dadurch *empirisch* eingeschränkt, zumindest im Sinne einer nur noch im Rahmen konkreter „Sachbereiche" möglichen Generalisierung (Funktionserfordernisse von [Teil-] Märkten, Berufsrollen ...).[103]

Statt der *Reaktion* auf beobachtete (und nicht beeinflußbare) Marktzusammenhänge wird die (Mit-)*Konstitution* von ökonomischen Handlungsfeldern durch Planung und Implementation von Produktions-, Absatz-, Koordinations- und Akzeptanz*strategien* zunehmend wichtiger.[104] Erwartenssicherheit im Sinne von Kalkulierbarkeit wird nun weniger hergestellt durch *normative* (= rechtliche) Erwartungen an das Verhalten und Erwarten anderer, sondern in wachsendem Maße durch die Aushandlung und Kompatibilisierung *empirischer* Planungsstrategien.[105] Dem *Recht* fällt dabei die Aufgabe zu, als „Kompromißsprache"[106] Verhandlungsprozesse zu begleiten (auch im buchstäblichen Sinne der Formulierung von Texten) und ihre Ergebnisse im Hinblick auf vorhersehbare Konflikte und Störungen (auch „Störungen" durch das Recht selbst) abzusichern („Risikoplanung").[107] Die Leistung der Konfliktschlichtung wird dann von den Rechtsinstitutionen nur noch (bzw. wieder) verlangt, wenn auch detaillierte Risikoplanungen fehlschlagen und daraus resultierende Schäden nicht mehr von einer der beteiligten Seiten aufgefangen werden (etwa weil „Kulanz" aufgrund des Scheiterns einer langfristigen Geschäftsbeziehung nicht mehr lohnend erscheint — eine gerichtliche Auseinandersetzung kann dann auch nichts mehr schaden).

Das Problem hat sich also verändert und mit ihm die Problemlösung. Die „Fragmentierung" in „Arenen" spiegelte sich zunächst in „Materialisierungen" und „Sonderprivatrechten", in der wachsenden Bedeutung von Generalklauseln und unbestimmten Rechtsbegriffen und schließlich in der Entwicklung von „Verhältnismäßigkeits"bestimmungen bzw. „Abwägungen" zum dogmatischen „Obergrundsatz".[108]

Parallel dazu wurde — wie oben dargelegt — in der juristischen „Methodenlehre" die Dichotomie von allgemeinem Gesetz und besonderer Gesetzesanwendung durch die Anerkennung eines normkonstituierenden „Mittelfeldes" abgelöst.

Auf dem Hintergrund eines temporalisierten Entparadoxierungsmodells einerseits und partikularisierter Sozialfelder andererseits wird es immer schwieriger, Normativität als kongruente *Generalisierung* von Erwartungen zu fassen

---

[103] Vgl. Ladeur 1985, S. 418f.

[104] Vgl. Offe 1984, S. 242ff.

[105] Wobei derartige Aushandlungs*prozesse* natürlich wiederum auf teils normative, teils kognitive Erwartungen angewiesen sind.

[106] Ladeur 1979, S. 340

[107] Vgl. Joerges 1985, S. 706ff. (:„Relationierungsverträge")

[108] Vgl. Ladeur 1984a (insbes. S. 216ff.), sowie ders. 1983; Wiethölter 1982a, S. 134f.; ders. 1982c, S. 18ff. (= 1986c, S. 234f.); ders. 1986b, S. 29. Dazu unten Kap.5.III

und als *Handlungssteuerung* bezogen auf Individuen zu denken. Stattdessen ist Normativität nur noch als *vorläufige* (also zukünftig revidierbare) und allein *bereichsspezifisch formulierbare* (also nicht universelle) Regelungsvorgabe für das Recht selbst denkbar. Die herkömmliche soziale Funktion des Rechts, Konsens durch die Homogenisierung sozialer Werte zu (re-)produzieren, wird abgelöst durch eine neue Rechtsfunktion, die beschrieben werden kann als „Ermöglichung und Begrenzung der Heterogenität von Werten"[109]. — Für das Recht geht es m.a.W. darum, *Kollisionsregeln für sozialen Dissens* zu formulieren.[110]

Dabei ist es nicht mehr möglich — wie insbesondere in den Bereichen von Wirtschaftsrecht und von öffentlichem (Planungs-)Recht deutlich wird —, „eine Handlung auf ein lineares Rationalitätsmodell des allgemeinen Gesetzes" zu beziehen; vielmehr muß „ein komplexer Austausch- und Interaktions*prozeß* ... beurteilt werden".[111] Statt ein bestimmtes *Verhalten* anzuordnen (bzw. Formen und Inhalte von Verhalten zu kontrollieren), beschränkt sich das prozeduralisierte Recht auf „jenseits von Form-(= Mittel)Kontrollen und diesseits von Inhalts-(= Ziel)Kontrollen" liegende „‚Vertretbarkeits'-Kontrollen"[112] alternativer Strategien. Indem es so die Funktionsbedingungen einer pluralisierten „Gesellschaft der Organisationen" nachzeichnet, ja moderne „Managementformen ... an sich selbst ab(bildet)"[113], stellt das „verzeitlichte" Recht ein funktionales Äquivalent des „zeitlosen" der liberalen Ära dar[114] und ist damit keineswegs weniger leistungsfähig, als jenes zu seiner Zeit gewesen war.[115]

Nur wenn man — wie *Luhmann* dies tut — vom Recht weiterhin eine „kongruente Generalisierung von Erwartungen" erwartet, erscheinen alle Anzeichen für eine Wandlung der Rechtsfunktion als „Funktionsverwischung"[116] oder „unstrukturierte Abweichung"[117]. Die Notwendigkeit, rechtliche Entscheidungen als räumlich und zeitlich begrenzte zu treffen, muß dann als „labiler und opportunistischer Stil"[118], als Steigerung der „Willkürkomponente"[119] des Entscheidens interpretiert werden.

---

[109] Ladeur 1983, S. 479; vgl. ders.1984b, S. 24

[110] Vgl. Wiethölter 1985, S. 135, 137 . Dazu unten Kap.5.III (Abschn.1)

[111] Ladeur 1984b, S. 8 (allerdings in Bezug auf Prozesse *zwischen* verschiedenen beteiligten Subsystemen)

[112] Wiethölter 1982c, S. 35 (= 1986c, S. 246). Zu diesem Problemkreis ebenfalls Kap.5.III (Abschn.2 und 3)

[113] Ladeur 1983, S. 474; ders. 1984a, S. 218f.

[114] Vgl. Ladeur 1986c, S. 19 (ff.)

[115] Vgl. Ladeur 1979, S. 340; ders. 1984a, S. 219; Joerges 1987, S. 168, 170

[116] Ladeur 1984b, S. 8a

[117] Ebd. S. 9

[118] Luhmann 1981d, S. 146

[119] Luhmann 1986f, S. 133ff.

Auch *Willke* geht von der herkömmlichen Rechtsfunktion als „dem“ Recht aus[120] und kommt von daher zu dem Ergebnis, das Recht sei ungeeignet für die Erfordernisse moderner „sozietaler“ Steuerung. — Sicherlich kann es sich erweisen, daß ein gesellschaftliches Subsystem „überflüssig“ geworden ist, weil sich die Probleme (und/oder die Problemlösungen) verändert haben und deshalb von anderen Subsystemen besser bearbeitet werden können.[121] Willke übersieht aber, daß dies — auch nach seiner eigenen Beschreibung — für das Recht gerade nicht der Fall ist. „Relationierungsprogramme“ im Sinne Willkes[122] können wiederum als „Recht“ bezeichnet werden; zumindest müßten sie ein genaues funktionales Äquivalent für das beschriebene „prozeduralisierte“ Recht darstellen.[123] Eine „Meta-Kommunikation“[124] über Kollisionen widerstreitender Interessen ist nur möglich, wenn ein darauf spezialisiertes Reflexionssystem ausdifferenziert wird, das sich in seinem Code von den Codes anderer „beteiligter“ sozialer Subsysteme unterscheidet.

Das Recht bietet sich für diese Aufgabe an, da es bereits traditionell die gesellschaftliche Leistung der Konfliktbearbeitung erbringt. Die gewandelte Funktion von Normativität, Kollisionsregeln für heterogene soziale „Optionen“ zu thematisieren, entspricht in ihrer Spezialisierung genau der für die moderne Gesellschaft *insgesamt* anstehenden Notwendigkeit, das „Zusammenspiel ... zwischen schon rationalisierten Teilsystemen“ zu koordinieren und zu rationalisieren.[125] „Das Zentralproblem moderner Gesellschaften ist nicht ihre weitere Modernisierung, sondern die Erfindung und Absicherung jener sekundären Auswahlregeln, die als synthetisches Prinzip die *Koexistenz* der mannigfaltigen Optionshorizonte sichern können“.[126] Eben diese Leistung einer „Metakommunikation“ kann das Recht für andere soziale Subsysteme anbieten, ohne daß es sich damit jedoch zum heimlichen „Steuerungszentrum“ der Gesellschaft aufschwingen könnte und müßte.[127]

Weder Ökonomie noch Politik können hierfür ein funktionales Äquivalent bereitstellen. Die *Ökonomie* ist durch ihre Codierung von Zahlung und Nichtzahlung (bzw. Haben und Nichthaben) begrenzt auf die Steuerung des monetären Sektors. Daraus ergeben sich zumindest zwei Beschränkungen: Zum

---

[120] Vgl. Willke 1983, S. 54ff., 77ff.

[121] Vgl. z.B. für die Religion: Luhmann 1982 sowie ders. 1986g, S. 183ff.

[122] Willke 1983, S. 62ff.

[123] Insoweit trifft der von Habermas geäußerte Einwand, moderne Gesellschaften dürften nicht „unter dem Pseudonym von ‚Recht‘ eine funktional äquivalente, aber *ganz andere Art* von Praxis betreiben“ (1986b, S. 28 = 1987, S. 5) den Kern der Sache. — Auch diese Kritik berücksichtigt nicht den hier rekonstruierten Funktionswandel von Normativität, da sie normativ an bisheriger Normativität festhalten will.

[124] Willke 1983, S. 78 (nicht in Bezug auf das Recht); vgl. Preuß 1986, S. 34f.

[125] Offe 1987, S. 111

[126] Offe 1987, S. 102 (: „Modernisierungsprobleme zweiter Ordnung“ — ebd. S. 111)

[127] Weiter zum Verhältnis von operativer Autonomie und „Steuerung“ siehe unten Kap.5.I.

einen können im Rahmen einer ökonomischen Reformulierung des Rechts gesellschaftliche „Werte“ erst dann Berücksichtigung finden, wenn sie sich in „Marktwerte“ (Preise) übersetzen lassen.[128] Daß Gebrauchswert- und Solidarinteressen sowie ökologische Orientierungen im Verhältnis von Gesellschaft zu ihrer „Umwelt“ hierbei nach der „Eigenlogik“ des Wirtschaftssystems nicht „verrechnungsfähig“ werden können, ist evident. — Das „abstrakte Recht“ läßt sich so nicht transzendieren.

Zum zweiten waren fehlschlagende ökonomische Transaktionen auf die Leistung des Rechts immer angewiesen, so daß die Leistung rechtlicher Normativität gerade nicht durch den ökonomischen Code ersetzbar ist. Zumindest müßte die Ökonomie selber wieder ein dem Recht funktional äquivalentes, auf Konfliktbearbeitung spezialisiertes Subsystem ausdifferenzieren.

Ebensowenig ist die *Politik* in der Lage, die Funktion des Rechts zu übernehmen. Mit dem Abbau von stratifizierten Gesellschaftsstrukturen und damit von Hierarchisierungen findet das traditionelle Mittel der Politik, Entscheidungen über *Macht* durchzusetzen, immer weniger Ansatzpunkte.[129] Vielmehr ist das politische System seinerseits darauf angewiesen, sich der Systeme Recht und Ökonomie bedienen zu können[130] — sei es unmittelbar zur „Beschaffung“ von neuen Rechtsnormen oder Geldmitteln, sei es mittelbar durch das „Einschalten“ in die Codes dieser Systeme im Rahmen der Beteiligung an „konzertierten Verhandlungsnetzwerken“.

Willkes Einschätzung des Rechts als „überholt“ wird gefördert durch die Nichtbeachtung der Differenz zwischen Codierung und Programmierung. Wenn Willke den „binären Schematismus“ des Rechts als Möglichkeitsbegrenzung im Hinblick auf Steuerungskapazität ansieht[131], so übersieht er dabei, daß Codierungen immer binär erfolgen müssen und daß nicht hierin das Problem liegt, sondern in einer adäquaten Anpassung rechtlicher *Programme* an die Gegebenheiten „polykontexturaler“ Strukturen. Die *Identität* des Rechts (ein Resultat von Selbstbeobachtung) kann sich ändern, ohne daß die Fortsetzung seiner selbstreferentiellen Reproduktion gefährdet wäre.[132] In Bezug auf die Identität kann der „Preis“ für ein temporal entparadoxiertes und kognitiv orientiertes Recht in der Tat sein, daß seine Normativität (im Lichte des bisherigen Verständnisses) *„weniger normativ“* geworden sein wird, d.h. daß Erwartungen in geringerem Umfang als bisher generalisiert sowie gegen Enttäuschungen kontrafaktisch gesichert werden können. Dieser „Preis“ ist in *ökonomischer* Hinsicht aber in dem Maße kein „Verlust“ (an „Rechtssicherheit“), in dem das Recht sich lediglich an die Erfordernisse der Ökonomie

[128] Vgl. Luhmann 1986g, S. 122; ders. 1984e

[129] Vgl. Luhmann 1986g, S. 176

[130] Vgl. ebd. S. 177ff.

[131] Willke 1983, S. 77

[132] Anders wohl Willke 1983, S. 77

strukturell anpaßt und erforderliche Kompatibilisierungs- und Implementationskontrollen von Planungsprozessen auf Teilmärkten gewährleistet.[133] In Bezug auf das *politische* System hatten wir gesehen, daß das Recht hier ebenfalls die Funktionserfordernisse der in „Arenen" diffundierten öffentlich-gesellschaftlichen Gewalt nachvollzieht, wenn es seinerseits die Vorstellung der „Einheit" der Rechtsordnung relativiert und damit die Normativierung von Teilbereichen erst ermöglicht.

Die Hauptbesorgnis aus „kritischer" Theorieperspektive richtet sich deshalb auch darauf, daß das Recht den Wandel seiner sozialen Funktion mit einem Verlust seines Einflusses (: Abbau „rechtsstaatlicher Grundsätze"[134], Dominanz der Ökonomie und anderer gesellschaftlicher „Vormächte") oder gar mit der Aufgabe seines „Proprium", der normativen Orientierung selbst (:„Reduktion von Normativität auf Faktizität") bezahlen müßte.

Hierauf soll in exemplarischer Auseinandersetzung mit dem Theorieansatz Jürgen Habermas' eingegangen werden (Kapitel 4,III.), nachdem wir uns des theoretischen Stellenwerts des Verhältnisses von Geschlossenheit und Offenheit vergewissert haben (Kapitel 4.I, II).

---

[133] Vgl. Ladeur 1986a, S. 64f.

[134] Willke 1983, S. 79

4. Kapitel

Geschlossenheit und Offenheit

I. „Reine Rechtslehre"

Nachdem im letzten Kapitel betont wurde, daß das „Proprium" des Rechts, seine Normativität, sich allein durch den Code reproduziert, soll jetzt nochmals der Stellenwert einer solchen Aussage anhand der bisherigen theoretischen Prämissen verdeutlicht werden. Normativität ist kein „Ding", keine „Substanz", kein „Sollen", das sich einem „Sein" gegenüberstellt, keine universelle Regel oder universelles Gesetz, sondern lediglich das Produkt der operativ gehandhabten Differenz von Recht und nicht-Recht. Bereits die Rede von „normativer" Geschlossenheit ist mißverständlich, weil sie den Beitrag von Normativität für die Autopoiesis als „Eigenbeitrag" erscheinen lassen könnte (und Normativität dann wieder in einer der genannten Versionen reifizierte). „Autopoiesis" des Rechts meint lediglich „Geschlossenheit durch Codierung", „operative Geschlossenheit", „operative Autonomie". Mitzudenken ist immer, daß die Bestimmung *sämtlicher* „Inhalte"/„materieller Substrate" durch die „Programmierungen" des positiven Rechts (Gesetzestexte; Entscheidungen und Verfahren im Rahmen von Rechtsprechung und Verwaltung; Verträge; Dogmatik und Rechtstheorie) geschieht. Alle Programme *beziehen* sich zwar auf den Code — als der Sinneinheit der Differenz von Recht und nicht-Recht — und müssen insofern Entscheidungen (Handlungen) an Normativität anschließen. Da der Code selber aber nicht noch einmal *Kriterien* für solche Anschlüsse geben kann, produziert das Prozedieren des Codes nichts anderes als *Kontinuität* (und in diesem Sinne: *Einheit)*.[1] Die emphatische Einführung des Autopoiesebegriffs (der für den Bereich biologischer Systeme von theoretischer Sprengkraft war) in das Recht (und andere soziale Systeme) wirkt so gesehen unbegründet euphorisch: Nach einem gründlichen Durchgang durch die Theorie stellen wir fest, daß das Selbst, das sich hier erschafft, nur die Kontinuität eines Letztzusammenhangs ist.

Auch der *Autonomiebegriff* ist vom traditionellen Verständnis abgeschnitten: Gemeint ist nicht mehr „Abgeschlossenheit" bzw. „Verfügung über einen großen Anteil an den Ursachen für die eigenen Operationen oder für den Fortbestand des Systems"[2], sondern ebenfalls nur: operative Selbstreferenz.[3] Die Autopoiese des Rechts wird durch keine aller kognitiven Offenheiten, die

[1] Vgl. Luhmann 1986g, S. 48 (: „Repräsentation" von Einheit)

[2] Luhmann 1985b, S. 6; ders.1986a, S. 21 (= 1988, S. 345)

[3] Luhmann 1986a, S. 22 (= 1988, S. 345)

den „Inhalt" einer Rechtsordnung bestimmen, tangiert: Der Begriff der Autopoiese „gibt noch keinerlei Hinweis auf Systemstrukturen, er enthält keinerlei Einschränkung (constraint) in Bezug auf mögliche Strukturbildung, wenngleich natürlich jede konkrete Reproduktion irgendwelche Einschränkungen durch Strukturen voraussetzt".[4] Positives Recht bleibt positives Recht, gleich ob es sich um das Rechtssystem der Sowjetunion, Südafrikas oder der Bundesrepublik Deutschland handelt. Mit einer weiteren Formulierung Luhmanns: „Die Autonomie des Rechts ist nur dann gefährdet, wenn der Code selbst gefährdet ist."[5]

Die Theorie der Autopoiesis mündet dergestalt in einer „reinen" Rechtslehre, und in der Tat sind die Ähnlichkeiten zur *Kelsenschen* Rechtsbegründung nicht zu übersehen.[6] Nach Kelsen wird die *Einheit* der Rechtsnormen „durch den Zusammenhang hergestellt, der sich daraus ergibt, daß die Erzeugung und sohin die Geltung der einen auf eine andere zurückgeht, deren Erzeugung wieder durch andere bestimmt ist; ein Regreß, der letztlich in der Grundnorm mündet, der hypothetischen Grundregel und sohin dem obersten Geltungsgrund, der die Einheit dieses Erzeugungszusammenhangs stiftet".[7] Genau wie die Theorie autopoietischer Systeme geht also bereits Kelsen davon aus, daß das Recht „seine eigene Erzeugung (regelt)"[8] und daß „Geltung" („die spezifische Existenz des Rechts"[9]) mit dieser „Erzeugung" zusammenfällt. Da er aber dieses Phänomen im Rahmen der traditionellen Modellvorstellung eines *hierarchischen* Aufbaus der Rechtsordnung (als „Stufenordnung verschiedener Schichten von Rechtsnormen"[10]) erklären will, muß er zu einer hypothetischen „Grundnorm" Zuflucht nehmen, die an der gedachten Spitze der Rechtspyramide den Ausgangs- und Zurechnungspunkt für Einheit (Geltung) liefert. „Die Grundnorm einer positiven Rechtsordnung ist ... nichts anderes als die Grundregel, nach der die Normen der Rechtsordnung erzeugt werden, die Ein-Setzung des Grundtatbestandes der Rechtserzeugung. Sie ist der Ausgangspunkt eines Verfahrens; sie hat einen durchaus formal-dynamischen Charakter."[11] Auch Geltung selbst bekommt dadurch eine hypothetische Grundlage: die Rechtsnorm gilt unter der Voraussetzung, daß die Grundnorm gilt.[12]

Die Theorie selbstreferentieller Systeme erkennt Hierarchisierung als einen Spezialfall funktioneller Differenzierung, der stratifizierten Gesellschaftsord-

---

[4] Luhmann 1984a, S. 503; vgl. ders. 1984d, S. 27

[5] Luhmann 1986a, S. 25 (= 1988, S. 347)

[6] Vgl. Kelsen 1934. Auch Luhmann konzediert, daß Kelsens Theorie „dem Problem näher (kommt) als jeder andere Versuch" (1984d, S. 9). Vgl. auch Ost 1988, S. 77ff.

[7] Kelsen 1934, S. 74; vgl. S. 62

[8] Ebd. S. 74

[9] Ebd. S. 70

[10] Ebd. S. 74

[11] Ebd. S. 64

[12] Ebd. S. 66

nungen angemessen war[13] und für moderne Gesellschaften durch die Annahme von Rekursivität abgelöst wird. Für eine oberste Grundnorm ist unter der Voraussetzung der zirkulären Reproduktion des Rechts kein Raum mehr. Als funktionales Äquivalent der Einheitsstiftung tritt der Code von Recht und nicht-Recht ein: Der Abbruch des Regresses in der (hypothetischen) Grundnorm kann durch die Kontinuität der (realen) Selbsterzeugung ersetzt werden. Mit dem hypothetischen Ort der Grundnorm entfällt auch die hypothetische Grundlage von Geltung: In jedem Moment ist jedes Ereignis im Rechtssystem durch den Bezug auf den Code unmittelbar an Normativität angeschlossen. Die Frage nach der Geltung von Geltung erledigt sich ebenfalls „naturalistisch" durch die tatsächliche Reproduktion des Rechts. Indem das System Normativität als Normativität behandelt (und von Faktizität unterscheidet), ist der Geltungsanspruch immer schon tautologisch „hergestellt".[14] (Demgegenüber kann der rechtssystemexterne Beobachter nur die „Faktizität der Selbstreferenz des Systems" beobachten: für ihn erscheinen Normen als Fakten.[15] Die rechtssystemimmanente Geltung von Geltung ist deshalb nicht zu verwechseln mit der Frage, ob *Menschen* sich an geltenden Normen für ihr Verhalten *orientieren:* dies ist ein Problem von Interpenetration[16] und unter hochkomplexen gesellschaftlichen Bedingungen eher unwahrscheinlich.[17] Das Recht kann mittels Normativität nicht seine eigene Penetration[18] in andere Systeme regeln, sondern muß damit zurechtkommen, daß der Rückgriff auf Recht durch andere Systeme kontingent bleibt.[19])

Kann also die Theorie des selbstreferentiellen Rechts als eine auf Zirkularität umgestellte „reine Rechtslehre" bezeichnet werden, so erhebt sich — genau wie bei Kelsen — die Frage nach der Reinheit der Reinheit. Denn „nicht um die Stellung der Jurisprudenz innerhalb der Wissenschaft ... geht in Wahrheit der Streit ...; sondern um das Verhältnis der Rechtswissenschaft zur Politik"[20] und — wie wir ergänzen können — zur Ökonomie. Während Kelsen „Reinheit" noch als *Gegensatz* zu einer „externen Beeinflussung" setzen konnte, stehen für die Theorie der Autopoiese Geschlossenheit und Offenheit in einem wechselseitigen Konstitutionsverhältnis. Angesichts des Einflusses kognitiver Prozesse reduziert sich die Bedeutung von Geschlossenheit auf einen notwendigen „modus operandi" des Rechtssystems, der nichts über seine Inhalte aussagt. — Für die neue „reine Rechtslehre" kann es also nur noch „Rekursivität ohne Reinheit" (: Geschlossenheit aufgrund Umweltoffenheit) geben.[21]

---

[13] Vgl. Luhmann 1984a, S. 37ff., 404ff., 463f.

[14] Luhmann 1984d, S. 29

[15] Ebd.

[16] Dazu unten II.2.

[17] Vgl. Luhmann 1984a, S. 313

[18] Zum Begriff Luhmann 1984a, S. 290

[19] Vgl. Luhmann 1984d, S. 58f.

[20] Kelsen 1934, S. V

II. Offenheit im System und zwischen Systemen

1. Programme

Offenheit im System wird hergestellt auf der Ebene der Programme. Die in Programmierungen strukturierte Anschlußselektivität restringiert einerseits die „zulässigen" Möglichkeiten kognitiver Operationen; andererseits beeinflussen „atypische" Kognitionen, sofern sie sich in Programmen niederschlagen (also die Rechtslage ändern), die normative Anschlußfähigkeit. (Z.B.: Ist die politisch motivierte Weigerung, den Strompreis zu bezahlen, weil der Lieferant Strom teilweise aus Atomkraftwerken bezieht, im Zivilrecht „anschlußfähig" oder nicht?[22]) Kein kognitiver Kommunikationsbeitrag, der sich auf den Code von Recht und nicht-Recht bezieht, kann *prinzipiell* ausgeschlossen werden.

Die *Kriterien* für die Herstellung von Anschlußselektivitäten bilden sich im Prozeß der rechtlichen Kommunikation selbst.[23] Angesichts des Verschwindens der sozialen „großen Erzählungen"[24] (Gott/Natur/Tradition) und der wachsenden Vieldeutigkeit und Unbestimmtheit von philosophisch-politisch-rechtlich synthetisierten Nachfolgeprogrammen (Subjekt/Vernunft/Freiheit/Demokratie/Staat/Nation/Volk usf.) bleibt dem sich selbst und das Recht beobachtenden Argumentations*teilnehmer* dabei nur die Möglichkeit, *für sich* seinen jeweiligen Kommunikationsbeitrag auf seine Kohärenz und seine Anschlußfähigkeit im Rahmen rechtlicher Programmierungen zu kontrollieren, ohne sich auf die Sicherheit „verbindlicher" Beschreibungen verlassen oder den Anspruch auf „allgemeine Gültigkeit" eines Arguments erheben zu können. Diskussionsteilnehmer bringen Beschreibungen vor, die dann den Gegenstand von Zustimmung, Modifikation oder Ablehnung bilden.[25] Das jeweilige Ergebnis, das sich aus der (rekonstruktiven) Perspektive der Systembeobachtung als *Evolution* darstellt, erscheint aus der (ex-ante-)Sicht des Kommunizierenden als kontingente *Möglichkeit*, zu deren Verwirklichung er nur mit der „Überzeugungskraft" seiner durch „gute Gründe" asymmetrierten Argumentation beizutragen vermag. Ob ein Beitrag akzeptiert wird, ist insofern „zufällig", als der Gesamtzusammenhang der juristischen Kommunikation vom einzelnen Teilnehmer nicht antizipiert werden kann. (Auch wenn Wahrscheinlichkeitsprognosen möglich sind, kann sich z.B.die höchstrichterliche Rechtsprechung „unerwartet" ändern.) Der Code als einheitsstiftender Bezugs„punkt" von normativer Geschlossenheit tritt aus dieser Perspektive zurück — gleichsam als ein immer

---

[21] Vgl. Habermas 1986b, S. 14f.

[22] Eine „atypische" Kognition, die in das Rechtssystem einfloß, ohne auf Dauer „anschlußfähig" zu bleiben; vgl. die Urteile des Amtsgerichts Stuttgart vom 20.7.1979, NJW 1979, S. 2047ff. und des Amtsgerichts Gelsenkirchen-Buer vom 30.3.1981, KJ 1981, S. 312ff.(im Rahmen einer Dokumentation von Willi Gross — dort auch Auszüge aus gegenteiligen Urteilen, die die „herrschende Meinung" repräsentieren).

[23] Vgl. Ost 1988, S. 91

[24] Lyotard 1982, S. 71

[25] Vgl. Hejl in Benseler 1980, S. 158

vorhandener „Horizont" der Symbolik von Recht und nicht-Recht/Unrecht, auf den die jeweils zu fällende inhaltliche Entscheidung projiziert werden muß. In den Vordergrund rückt stattdessen die Pluralität und Heterogenität rechtlicher Kommunikationen, die die Pluralität und Heterogenität der diesen zugrundeliegenden „Werte"/„Interessen" ist. Dies bedeutet nicht, daß nun über „Werte" (als „allgemeine, einzeln symbolisierte Gesichtspunkte des Vorziehens von Zuständen oder Ereignissen"[26]) oder ihre Zurechnung auf Systeme durch „Interessen"[27] der Zirkularität von Rechtsbegründungen zu entkommen wäre. Die Kommunikation über „Werte" kann aber dazu dienen, über die „Differenz von Werten und Programmen" die „*Kontingenz* der Programme" zu thematisieren[28]: Programme können so als änderbar erfahren werden.[29] Die „Diskurse" hierüber bleiben jedoch notwendigerweise „*heteromorph*" und die „Konsense" *lokal*.[30] Ein „Konsens" läßt sich nicht im Sinne einer „Finalität" des Diskurses anstreben[31]; er mag sich als *Ergebnis* einer Kommunikation im Einzelfall einstellen (genauer: er kann als vorhanden unterstellt werden, und zwar als Resultat einer Beobachtung/Beschreibung *innerhalb* der jeweils an der Kommunikation beteiligten Systeme).[32]

„Werte" bleiben dabei zunächst[33] „‚blinde Flecken', die zum Beobachten und Handeln ausrüsten".[34] Der Wertbegriff symbolisiert insofern nur „die Autopoiesis der Kommunikation — ... aber weiter nichts. Er erlaubt keinen Schluß auf richtiges Verhalten, weil dies immer eine Entscheidung von Wertkonflikten erfordern würde ...".[35] „Werte" stellen damit eine „Ordnungsebene" dar, „die dem Spiel der Kontingenzen standhält, einen ‚inviolate level' ..., der durch Vollzug von Paradoxien und Tautologien im Entscheidungsprozeß nicht berührt, vielmehr dadurch gerade in Geltung gesetzt wird".[36]

Die Heterogenität der Kommunikationen im Rechtssystem führt notwendigerweise zu *Widersprüchen* (: „Widerspruch ist ein Moment der Selbstreferenz von Sinn, da jeder Sinn die eigene Negation als Möglichkeit einschließt"[37]). Will

---

[26] Luhmann 1984a, S. 433

[27] Vgl. ebd., S. 228

[28] Ebd. S. 434

[29] Ebd.

[30] Vgl. Lyotard 1982, S. 114, 123; Luhmann 1987c, S. 168 (:"Werte sind keine Konsensformeln, sondern regen im Gegenteil zur kritischen Beobachtung des Beobachtens an.")

[31] Lyotard ebd.

[32] Weiter zum „Diskurs" siehe unten in diesem Kapitel III.2.

[33] Zu einer „Reflexivierung" auch von Werten im Rahmen der Formulierung von „Kollisionsregeln" vgl. unten Kap.5.III.1.

[34] Luhmann 1987c, S. 168

[35] Ebd. S. 169

[36] Ebd. S. 168; „inviolate level" dort zitiert nach Hofstadter 1979, S. 686ff.

[37] Luhmann 1984a, S. 494

das System auf die gesteigerte Komplexität *kognitiver* Bezüge angemessen reagieren, muß es im gleichen Umfang *normative* Anschlußchancen ausweiten. Das Rechtssystem wird dadurch zwar — gemessen am „statischen" Gleichgewichtsmodell des Liberalismus, das auf sozialen Homogenitätsannahmen basierte — „*instabiler*"; eine solche „Instabilität" ist aber gerade erforderlich, um höhere Umweltkomplexität angemessen bearbeiten zu können.[38] Die „heterogene" Instabilität des Rechts der „pluralistischen" Gesellschaft löst also (und zwar als funktionales Äquivalent!) die „homogene" Stabilität des Rechts der bürgerlichen Gesellschaft ab. — Auf die Frage, wie das Rechtssystem mit solcher Instabilität praktisch-institutionell umgehen kann, wird noch zurückzukommen sein.[39]

2. Interpenetration, Kommunikation und Interaktion

Offenheit *zwischen* Systemen ist das Ergebnis von *Interpenetration.* Ein System kann seine Eigenkomplexität einem anderen System zur Verfügung stellen und zugleich an dessen Eigenkomplexität partizipieren, indem beide Systeme „dasselbe Differenzschema verwenden, um Informationen zu verarbeiten, die sich aus den komplexen Operationen des jeweils anderen Systems ergeben".[40]

Die „*Form*", in der Interpenetration in *sozialen Systemen* stattfindet, ist die von *Kommunikation.*[41] (— Das allgemeine Phänomen der Interpenetration ist nicht mit Kommunikation gleichzusetzen, denn Kommunikation findet *nur* in sozialen Systemen statt.[42]) Als allgemeingesellschaftliches Phänomen wird Kommunikation nicht durch die Grenzen von sozialen Subsystemen beschränkt — die Grenze der Kommunikation ist erst die Grenze der Gesellschaft selbst.[43] Insoweit läßt sich von einer „*kommunikativen Offenheit*" der Gesellschaft sprechen.

Psychische Systeme nehmen am Sinn von Kommunikationen durch die Selektion des Verstehens teil; „Sinn" gewährleistet damit die Interpenetration von sozialen Systemen und Bewußtseinen.[44] Bewußtsein und Kommunikation bleiben dabei jedoch different: als jeweils rekursiv in sich geschlossene Systeme können sie nicht miteinander „verschmelzen".[45]

---

[38] Luhmann 1984a, S. 501. Die Instabilität von Systemen wird „zum Prinzip ihrer Stabilität"; Luhmann 1986g, S. 224

[39] Unten Kap.5

[40] Luhmann 1984a, S. 315 (vgl. S. 290). Vgl. Maturana in Benseler 1980, S. 19ff. („structural coupling"); Teubner 1985a, S. 33 (= 1988b, S. 236)

[41] Luhmann ebd., S. 294

[42] Luhmann 1987b, S. 314 (f.)

[43] Luhmann 1983b, S. 137f.; ders. 1984a, S. 198ff.; ders. 1987b, S. 315

[44] Luhmann 1984a, S. 297

[45] Luhmann 1984a, S. 315; ders. 1987b, S. 315

Die *operative Autonomie* selbstreferentieller sozialer (Sub-)Systeme wird durch Interpenetrationsverhältnisse nicht tangiert: „Sinn" muß an den binären Code eines jeden Systems „angekoppelt" bleiben. Nur dadurch können Kommunikationen im System als *Information* fungieren[46]; ohne Bezug auf den Code bleiben sie „noise" („Rauschen") und insofern „Störung".[47] Interpenetration läßt sich somit nicht zureichend dadurch beschreiben, daß sich Systeme in einzelnen Ereignissen/Handlungen „überschneiden".[48] Ereignisse und Handlungen sind ihrerseits Resultate von Selbstbeschreibungen (und keine „Letztelemente"), die durch codebezogene Sinnverarbeitung „hergestellt" werden. Interpenetration ist ein „wechselseitige(r) Beitrag zur selektiven Konstitution" dieser Elemente.[49] Sie bedient sich „der Simultaneität von Ereignissen"[50], die sie als simultane Ereignisse erst konstituiert.

So ist ein Vertragsschluß zugleich ein Element im Rechtssystem und im Wirtschaftssystem sowie im Bewußtsein der beteiligten Individuen, jedoch mit unterschiedlichen Selektivitäten und Anschlußfähigkeiten.[51] Nur im jeweils gegenwärtigen Moment (und nicht in der unterschiedlichen Vergangenheit oder Zukunft) ist eine (ihrerseits wiederum hochselektive) Konvergenz durch Interpenetration möglich.[52]

Der „*Ort*" solcher Konvergenzen sind *Interaktionssysteme,*[53] die durch „*Anwesenheit*" konstituiert und abgegrenzt werden.[54] („... Mit Anwesenheit ist gemeint, daß ein Beisammensein von Personen [Fußnote: ‚Personen' hier im strengen Sinne von sozial identifizierten Erwartungskollagen] die Selektion der Wahrnehmungen steuert und Aussichten auf soziale Relevanz markiert."[55]) Gesellschaftliche Kommunikation findet weitgehend (d.h. abgesehen von „einsamem" Handeln und schriftförmiger Kommunikation[56]) in Form von Interaktionen statt,[57] im Rechtssystem also in Verfahren.[58] „In der einzelnen Interaktion wird sozusagen ausgehandelt, welche Erwartungen sich tendenziell durchsetzen und in praktikablen Rollenbündeln zusammengefaßt werden können. Die einzelne Interaktion entscheidet auch über die Kompatibilität

---

[46] Luhmann 1984a, S. 102

[47] Ebd. S. 197. Hierzu siehe unten Kap.5.II („Resonanz")

[48] Vgl. Luhmann 1984a, S. 292. Siehe dazu Teubner 1985b, S. 33ff. (:„Interferenz" als „Sonderfall" von Interpenetration)

[49] Luhmann 1984a, S. 293

[50] Luhmann 1987b, S. 315

[51] Luhmann 1984a, S. 293; vgl. ders. 1986a, S. 17 (= 1988, S. 344)

[52] Luhmann 1984a, S. 293

[53] Ebd. S. 566, 592

[54] Ebd. S. 560, 563f.

[55] Ebd. S. 564

[56] Ebd. S. 580ff.

[57] Ebd. S. 574; Gesellschaft und Interaktion sind *differente* Systeme; ebd. S. 566ff.

[58] Teubner 1985a, S. 33 (= 1988b, S. 236)

verschiedener Teilsystemstrukturen. Denn hier muß sich konkret herausstellen, ob Kommunikation unter verschiedenen Erwartungsdrücken noch zustandekommen kann und wie sie unter verschiedenen Erwartungsdrücken verläuft."[59] Interaktionen werden damit in ihrer Gesamtheit zum „Versuchsfeld",[60] zum „Laboratorium",[61] in dem sich das „Spielmaterial" für gesellschaftliche Evolution (als Änderung von Strukturen durch Variation, Selektion und Restabilisierung) bildet.[62]

3. Zwei andere Beschreibungsversuche: „Geist" und „Spiel"

Denselben Zusammenhang von Offenheit bei rekursiver Geschlossenheit durch eine „prozedurale" Herstellung von „Einheit" hatte auf geringerer Abstraktionsstufe bereits *Hegel* beschrieben, indem er im Rahmen seiner spekulativen Philosophie den Gedanken ermöglichte, daß Selbstreferenz sowohl in sich geschlossen und damit autonom als auch in ihrer Realisierung auf endliches Bewußtsein angewiesen ist: Wie die Idee einerseits „unabhängig" ist von dem „Meinen und der Willkür des Einzelnen", so sind doch „Individuen" notwendig zur „Verwirklichung des Geistes".[63] — Die Differenz von Geist und Individuum wird von Hegel in der nochmaligen Einheit des absoluten Geistes als Subjekt „aufgehoben" (und nicht als Differenz von Gesellschaft und Interaktion fortgeführt): Das vom Geist unterschiedene Einzelne muß dann „als von der Einheit verschieden und zugleich als diese Einheit selbst gedacht werden".[64] Die Weiterführung der Hegelschen Verhältnisbestimmung als Unterscheidung von Autopoiese und Interpenetration setzt — wie oben gezeigt — zum einen den Verzicht auf eine derartige Hypostasierung von Einheit, zum zweiten die Dezentrierung von Selbstreferenz durch ihre Lokalisierung an unbegrenzt vielen Orten in der Welt voraus.[65]

Ein anderer Versuch, die Differenz von selbstreferentieller Geschlossenheit und Interpenetration als „Interaktionseinheit" zu beschreiben, liegt in der Metapher des „*Spiels*" vor.[66] Geschlossenheit des „Spielregel"zusammenhangs und Offenheit der „Spielzüge" sind beim aktuellen Vorgang des „Spielens"

---

[59] Ebd.

[60] Luhmann 1984a, S. 575

[61] Teubner 1985a, S. 31 (= 1988b, S. 234)

[62] Luhmann 1984a, S. 575f.

[63] Hegel 1983, S. 285

[64] Henrich 1982a, S. 165

[65] Zum letzteren vgl. Luhmann 1984a, S. 105

[66] Vgl. Ost 1988. Allerdings wird die „Spiel"-Metapher dort nicht als Beschreibung der Einheit von Autopoiese und Interpenetration (oder von Codierung und Programmierung) eingeführt, sondern als *Alternative* zur Theorie der Autopoiese — die Ost somit verkennen dürfte (vgl. S. 79ff. [S.83ff.]). Vgl. zum (Sprach-)Spiel auch Lyotard 1982 und Hofstadter 1979, S. 687f.

immer kombiniert vorhanden.[67] Im „Spiel" des Rechts sind die „Spieler" an die vorgegebenen „Spielregeln" (: der über die Gesamtheit aller Programme gesteuerte Anschluß an den Code) in dem Sinne gebunden, daß der einzelne „Spieler" keine Verfügungsgewalt über seine Teilnahmebedingungen hat.[68] Andererseits realisiert sich jede „Spielregel" nur in einem konkreten „Spielzug"; als abstrakte Regel hat sie keine Existenz. Deshalb kommt die Phantasie und Kreativität jedes „Spielers" mit zum Zuge: in der jeweiligen Verwirklichung der Regel kann diese variiert/modifiziert werden („the rules condition the actors' strategy, but are in return also conditioned by it"[69]).

Die Metapher des „Spiels" beschreibt somit den Zusammenhang von selbstreferentieller Geschlossenheit und Interpenetration (zumindest: zwischen sozialen und psychischen Systemen).[70] Zugleich umfaßt der Spielbegriff die systeminterne Offenheit durch kognitive Prozesse auf Programmebene, indem er die Vielzahl von Beobachterstellen (die Variabilität von „Spielzügen", die „Pluralität von Interpretationen"[71]) betont und damit das „*aleatorische*" Moment[72] veranschaulicht, das jedem selbstreferentiellen Kommunikationsprozeß innewohnt: Weder gibt es die Möglichkeit, Strukturen und Funktionen invariant zu halten, noch können Funktions- oder Strukturänderungen sicher erwartet und zuverlässig vorherbestimmt werden.

4. „Theorie der Offenheit"

Der Spielbegriff soll hier nicht weiter verfolgt werden, da er wie alle anderen Metaphern zu allzu konkreten Bildern verführt, die ihre analytischen Implikationen verdecken und dadurch vom zu beschreibenden Gegenstand ablenken. Er kann aber in seiner Betonung des „prozeduralen" Moments des „Spielzugs" noch einmal vor Augen führen, daß es für eine Theorie des Rechts (wie für eine Theorie sozialer Systeme im allgemeinen) darauf ankommt, die „Sinneinheit" der Differenzen von Codierung und Programmierung *und* von Autopoiesis und Interpenetration in einer Modellbeschreibung zu erfassen. Die Bezeichnung als Theorie „*autopoietischer* Systeme" kann zur Folge haben, daß *ein* Aspekt dieses Zusammenhangs einseitig beleuchtet und das Mißverständnis erweckt wird, durch die Gegebenheit der rekursiven Geschlossenheit sei das soziale System

---

[67] Ost 1988, S. 83 („Thus, the specific feature of the game does seem to be a variable, special, constantly renewed combination of rule and creation, of program and chance." — ebd. S. 85f.)

[68] Ebd. S. 88

[69] Zitat M.Crozier/E.Friedberg, L'acteur et le système, Paris 1977, p.212 bei Ost 1988, S. 88. Vgl. Ladeur 1984b, S. 7; Hofstadter 1979, S. 687f.

[70] „(The legal system) proves to be radically dependent on its environment, even if it draws its force and its specifity, again like the game, only from its autonomy." (Ost 1988, S. 91)

[71] Ebd. S. 84f.

[72] Ladeur 1984b, S. 7

„zunächst" von der Umwelt abgeschlossen, so daß „im zweiten Schritt" (und sei es auch nur im zweiten *Theorieschritt*) externe Beziehungen mithilfe des Interpenetrationsbegriffs eingeführt werden müßten.[73] Eine solche Fehlinterpretation der Geschlossenheits-Offenheits-Dialektik wird gefördert von Äußerungen Luhmanns wie der, daß (innerhalb eines Systems) „im Hinblick auf die Funktion und den Code ... kognitiv orientierte Operationen *sekundär* sind gegenüber der rekursiv-geschlossenen Autopoiesis des Systems".[74] Dies ist richtig in „logischer" Hinsicht, nicht aber in „historischer". Die operative Selbstbeziehung ist unumgehbar und nicht transzendierbar; insofern ist operative Selbstreferenz das „logisch" Primäre. Das System kann seine Umwelt nur auf dem „Bildschirm" seiner eigenen Operationen beobachten und allein dadurch Offenheit herstellen. Aus „historischer" Sicht erscheint diese Feststellung aber elementar und banal zugleich: Alle konkreten Elemente, Strukturen und Prozesse des Systems entstehen in Auseinandersetzung mit der Umwelt, an der das System durch Interpenetrationen partizipiert und die über Programme im System abgebildet wird.[75]

„Autopoiesis" ist daher für die operative Selbstreferenz *sozialer* Systeme ein *zu „starker"* Begriff, da er die Vorstellung einer umfassenden Verfügung über „Ursachen" nahelegt („poiesis")[76] und mit dem Präfix „Selbst" („auto") nichtbestehende („konkrete") Abgrenzungen suggeriert.[77] Als kommunikative „Autopoiesis" sollte deshalb — wenn überhaupt — nur die Selbstreproduktion der Gesellschaft *insgesamt* bezeichnet werden.[78] Zur Vermeidung von Mißverständnissen erschiene es dagegen angebracht, auf den Begriff der „Autopoiesis" bei sozialen Systemen ganz zu verzichten und soziale Rekursivität allein mit dem Terminus *„Selbstreferenz"* zu beschreiben, von dem unsere eigene Analyse ausging und der ausreicht, um das Gemeinte zutreffend zu kennzeichnen.[79]

Worum es dann in erster Linie gehen muß, ist eine prozedurale *Theorie der Offenheit,* die die Differenz von Geschlossenheit und Offenheit als Sinneinheit vermitteln und nutzen kann. — Eine solche Forderung bedeutet nicht, die Prämissen der Theorie operativer Selbstreferenz aufzugeben, denn der Zusammenhang von Geschlossenheit und Offenheit wird von dieser Theorie bereits adäquat erfaßt. Die Betonung der („historischen") Offenheit gegenüber der

---

[73] Vgl. z.B. Habermas' Luhmann-Interpretation in Habermas 1985a, S. 442f.

[74] Luhmann 1986a, S. 14 (Hervorhebung v. Verf.(= 1988, S. 341)

[75] Vgl. Luhmann 1986a, S. 2ff., 10ff. (= 1988, S. 335ff., 339ff.); vgl. auch Habermas 1986b, S. 14f.

[76] Entgegen der von Luhmann *gewollten* Definition; vgl. Luhmann 1984a, S. 40; ders. 1986a, S. 2 (= 1988, S. 335)

[77] Varela beschränkt deshalb „Autopoiese" auf Systeme, die „eine topologische Grenze als Unterscheidungskriterium aufweisen"; 1987, S. 120. Vgl. Dupuy 1988, S. 52

[78] Vgl. Luhmann 1983b, S. 137f.; ders. 1986a, S. 10ff. (= 1988, S. 339ff.) Vgl. auch Roth 1987a, S. 265, der sogar im biologischen Bereich den Autopoiesebegriff dem „Lebensprozeß insgesamt" (also nicht individuellen Lebewesen) vorbehalten will.

[79] Ebenso Roth 1987a, S. 283

(„logischen") Geschlossenheit will lediglich eine *Akzentverschiebung* vornehmen: im Rahmen von selbstreferentieller Geschlossenheit gilt unser Interesse der Produktion und Reproduktion von Offenheit.

Das „Medium" für Offenheit ist in der Gesellschaft *Kommunikation*, durch die die „Sensibilisierung des Systems für Zufälle, für Störungen, für ‚noise' aller Art" erfolgt[80]: „Durch Kommunikation begründet und steigert das System seine Empfindlichkeit und setzt sich so durch Dauersensibilität und Irritierbarkeit der Evolution aus".[81]

III. Selbstreferenz, Kommunikation und Rationalität

1. Paradigmenwechsel

Böte es sich aufgrund der erkannten Bedeutung von Kommunikationsvorgängen für die Offenheit des Systems nicht an, zu einer Theorie überzugehen, in deren Zentrum ein Begriff kommunikativer Verständigung steht (wie bei der „Theorie kommunikativen Handelns" Jürgen Habermas'[82]), um auf diese Weise eine höhere „inhaltliche" Aussagekraft zu erreichen? Denn die Theorie der Autopoiesis als Beschreibung der rekursiv-geschlossenen „Reproduktion-an-sich" von sozialen Systemen im allgemeinen und des Rechtssystems im besonderen hat nach unseren bisherigen Ausführungen weniger die Funktion einer „operationsfähigen" soziologischen Theorie oder Rechtstheorie, sondern eher die von „metatheoretischen Entwürfen, die Weltbildfunktion erfüllen".[83] — Dies heißt aber nicht, daß sie für die Konstitution einer Rechtstheorie bedeutungslos wäre: sie bildet das neue Paradigma[84] einer „dezentrierten" Welt, auf dessen Hintergrund jede weitere Theoriebildung stattfinden muß.

(Selbstverständlich soll mit diesem Vorschlag eines theoretischen Paradigmenwechsels nicht die Selbstanwendung einer selbstreflexiven Theorie verhindert werden. Die hier gewählte Selbstbeschreibung verkennt nicht, daß sie nur das Resultat der Wahl einer von vielen möglichen Beobachtungspositionen ist und damit ein Versuch des Realitäts„zugangs", der — wie alle anderen Versuche auch — keinen Anspruch auf „Wahrheit", „Richtigkeit" oder „Übereinstimmung" mit der „Wirklichkeit" erheben kann.[85] Mit jeder anderen Beschreibung und Selbstbeschreibung teilt sie das Schicksal, eine Vereinfachung zu sein, die notwendig unterkomplex und damit für eine „polykontexturale" Welt *falsch* ist. Will die Theorie jedoch Bestandteil der Selbstreproduktion werden, hat sie keine

[80] Luhmann 1984a, S. 237

[81] Ebd.

[82] Habermas 1981

[83] Habermas 1985a, S. 443. Insoweit folgen wir Habermas' Einschätzung, nicht jedoch seinem Versuch, diese Weltbeschreibung als „objektivistisch" zu kritisieren; vgl. ebd. S. 443f.

[84] Zu den Begriffen des „Paradigmas" und des „Paradigmenwechsels" vgl. Kuhn 1973

[85] Vgl. oben Kap.2. II.2.a)

andere Wahl, als eine solche reflexive Anwendung auf sich selbst nicht ständig zuzulassen; nur so kann sie ihre eigene Paradoxierung vermeiden. — Die Paradoxie kann immer nur „mitlaufen", sozusagen in Klammern gedacht werden; „für sich" muß sich die Theorie so behandeln, als ob sie zutreffend wäre.)

Ausgeschlossen ist es unter dem neuen Paradigma, weiterhin eine „zentrierende Zusammenfassung des Ganzen im Sich-Wissen"[86] zu denken. Eine derartige „zentrierende Zusammenfassung" der Welt setzte die Vorstellung eines Gottes, eines absoluten Geistes oder eines transzendentalen Bewußtseins voraus und gehörte damit *spezifischen* Selbstbeschreibungsversuchen der neuzeitlichen abendländischen Geschichte an.[87]

2. Die „Theorie des kommunikativen Handelns"

Aber auch der Versuch Habermas', das Sich-Wissen eines Subjekts abzulösen durch das „diffuse und in sich kontroverse Gemeinbewußtsein" von „Öffentlichkeiten" als „höherstufige(n) *Intersubjektivitäten*"[88], folgt noch den Prämissen der Subjektphilosophie. Die „zentrierende Zusammenfassung des Ganzen" wird dadurch vom „Subjekt" auf die Ebene der „Intersubjektivität" transponiert und das „Sich-Wissen" in den *Diskurs*[89] über Geltungsansprüche[90] auseinandergezogen, der dann wieder in einem *Konsens*[91] münden soll. Der Begriff der „Vernunft" wird bei Habermas zwar zur „kommunikativen Rationalität" entsubstanzialisiert[92]; für „rationale Handlungsorientierungen" sollen sich nur noch formale Bedingungen angeben lassen.[93] Durch die Einführung des Begriffs der „*Lebenswelt*" als „Korrelat zu Verständigungsprozessen"[94] wird „kommunikative Rationalität" aber zugleich wieder mit materialen Implikationen aufgeladen, die dem Weltbild eines sich-wissenden Subjekts entsprechen: Der Horizont der Lebenswelt versorgt die Menschen mit „unproblematischen, gemeinsam als garantiert unterstellten *Hintergrundüberzeugungen*"[95] und bildet damit ein „Äquivalent für das, was die Subjektphilosophie als Leistungen der Synthesis dem Bewußtsein überhaupt zugeschrieben hatte".[96] Von dieser

[86] Habermas 1985a, S. 431

[87] Vgl. Habermas 1981 I, S. 16. Zum fernöstlichen Kulturkreis siehe vergleichend Henrich 1985.

[88] Habermas 1985a, S. 435 (Hervorh.v.Verf.)

[89] Habermas 1981 I, S. 39ff., 71

[90] Ebd. S. 64ff.

[91] Ebd. S. 71; Habermas 1983a, S. 96ff., 110

[92] Habermas 1981 I, S. 25ff. (28), 72ff.

[93] Ebd. S. 108f., 112f.

[94] Ebd. S. 107; vgl. S. 449ff. und II, S. 188ff.

[95] 1981 II, S. 191

[96] 1985, S. 379 (— mit dem Unterschied, daß die „Lebenswelt" nicht „die Form, sondern den Inhalt möglicher Verständigung" erzeugen soll; ebd.)

Voraussetzung aus erscheint dann der Konsens als Finalität kommunikativen Handelns, ohne daß es hierzu einer weiteren Plausibilisierung bedürfte: Zugrunde liegt die „zentrale Erfahrung der zwanglos einigenden, konsensstiftenden Kraft argumentativer Rede, in der verschiedene Teilnehmer ihre zunächst nur subjektiven Auffassungen überwinden und sich dank der Gemeinsamkeit vernünftig motivierter Überzeugungen gleichzeitig der Einheit der objektiven Welt und der Intersubjektivität ihres Lebenszusammenhangs vergewissern".[97]

Ganz unabhängig von der hier eingeführten These der systemrelativen Realitätskonstitution durch eine Vielzahl von rekursiven Selbstbeziehungen lassen sich diese Annahmen Habermas' als „zu stark" kritisieren: „Aus dem Weltbegriff läßt sich ohne metaphysische Interpretation keine Präferenz für Positivität herleiten". — „Mit gleichem Recht könnte man ... annehmen, daß es sich (bei der „Lebenswelt", R.F.) um eine nichtgemeinsame Quelle endloser Dissense handelte, die bei jedem Aufgreifen eines Themas zur Bifurkation von Konsens und Dissens führt."[98]

Auch das Konzept einer prozeduralisierten Diskursrationalität, mit dem Habermas die Brücke zwischen den gemeinsamen Hintergrundüberzeugungen der Lebenswelt und einem kommunikativ geteilten Einverständnis schlagen will[99], verfängt sich letzten Endes in den Stricken der „alteuropäischen" Welt des Subjekts.

Um einem vorausgesetzten „materialen" Rationalitätsbegriff zu entgehen, will Habermas kritisierbare Geltungsansprüche überprüfen, die in Sprechhandlungen geäußert werden.[100] Ort der „Einlösung" der Geltungsansprüche der „propositionalen Wahrheit" und der „normativen Richtigkeit" ist der Diskurs[101] in Gestalt des „theoretischen Diskurses" (der Wahrheitsansprüche thematisiert) oder des „praktischen Diskurses" (der über normative Richtigkeit verhandelt).[102] Aber ein Konsens ist unter den gegebenen historischen Bedingungen nicht selber schon Wahrheits- oder Richtigkeits*kriterium*[103] — zu groß wäre die Gefahr von Irrtümern. Das Problem verschiebt sich auf die Notwendigkeit, die „richtigen" Diskurs*bedingungen* und *-regeln* herzustellen/einzuführen (bzw. — zunächst — zu unterstellen), aus denen dann „zutreffende" Konsense resultieren können.[104] Die „Wahrhaftigkeit"[105] und Rationalität eines Argu-

[97] 1981 I, S. 28

[98] Luhmann 1986c, S. 179

[99] 1981 I, S. 112

[100] 1981 I, S. 410ff.

[101] Habermas 1983a, S. 69; vgl. 1981 I, S. 410ff.

[102] 1981 I, S. 39

[103] Vgl. Tugendhat 1984, S. 116ff.; unklar diesbezüglich noch Habermas, Vorbereitende Bemerkungen zu einer Theorie der kommunikativen Kompetenz, in Habermas/Luhmann 1971, S. 101ff.(134ff.)

[104] Habermas 1981 I, S. 108ff.; ders. 1983a, S. 96ff.(101f.); Tugendhat 1984, S. 117

[105] Habermas 1981 I, S. 412

mentationsteilnehmers muß aus seinem kommunikativen Verhalten erschlossen werden.[106] Gefordert ist eine Person, die ihre Meinungen begründet, sich der Argumentation nicht entzieht, sich Kritik aussetzt und gegebenenfalls lernfähig ist,[107] sowie im Falle eines normativen Handlungskonflikts „einsichtig handelt, also weder (ihren) Affekten nachgibt noch den unmittelbaren Interessen folgt, sondern bemüht ist, den Streit unter moralischen Gesichtspunkten unparteiisch zu beurteilen und konsensuell beizulegen".[108]

Bereits in dieser Beschreibung läßt sich das autonome und zurechnungsfähige Subjekt der idealistischen Philosophie (oder des „bürgerlichen Rechts") wiedererkennen. Wie in der Erkenntnistheorie Kants geht es um *Grenzziehungen:* zwischen theoretischer und praktischer (und ästhetischer) „Vernunft" einerseits und zwischen den Betätigungen der „Vernunft" und allem anderen andererseits.[109] Unter der Voraussetzung einer offen geführten und zeitlich nicht befristeten Argumentation[110] könnte dieser „idealistische Zusammenhang von Vernunft und Askese, von Richtigkeit und Interessenferne"[111] die Bedingungen für einen idealen Diskurs herstellen. Da diese Bedingungen aber „in den uns bekannten modernen Gesellschaften" nicht gegeben sind[112], hat die Figur einer idealen Kommunikationsgemeinschaft nur den „begrenzten methodischen Stellenwert" einer Kontrastfolie, die „undeutliche Entwicklungstendenzen in grelleren Konturen hervortreten ... lassen" kann.[113]

Den gesuchten Ort des realen Diskurses gibt es also nicht. Stattdessen soll eine kritische Prüfung von Geltungsansprüchen in „ersatzweise vorgenommenen, advokatorisch durchgeführten Diskursen" erfolgen.[114] Wer aber soll Advokat sein dürfen? Wie kann man (wer?) „richtige" von „falschen" Advokaten unterscheiden? Hat ein advokatorischer „Diskurs", dessen Teilnehmerkreis sich notwendigerweise zufällig zusammensetzt, eine größere Nähe zu Wahrheit oder Richtigkeit als ein advokatorischer „Monolog"? — Als Ort prüfender „Vernunft" stellt sich daher *letztlich* die monologische Subjektreflexivität und damit das empirische Bewußtsein heraus, das hierdurch einer kommunikativ vermittelten Intersubjektivität *vorgeordnet* ist.[115] Die Idee einer Diskursrationalität

---

[106] Ebd. S. 38; vgl. schon ders. in Habermas/Luhmann 1971, S. 123ff.

[107] 1981 I, S. 38f.

[108] Ebd. S. 39

[109] Vgl. Waldenfels 1985, S. 98; Böhme/Böhme 1983, S. 288ff.

[110] Habermas 1981 I, S. 71, II, S. 163

[111] Maus 1986a, S. 320

[112] Habermas 1981 II, S. 163; vgl. ders. 1983a, S. 115ff.

[113] 1981 II, S. 163

[114] Habermas 1983a, S. 104

[115] Explizit anders aber Habermas selbst 1983a, S. 78. Selbst wenn man dieser „starken" These nicht folgen will, bleibt der Einwand bestehen, daß Habermas die Selbstreferenz sozialer Systeme „unterbricht", indem er (wenn nicht das Subjekt, so doch die — diesbezüglich funktional äquivalente —) „intersubjektive Verständigung" *externalisiert.* So Luhmann 1987c, S. 170f.

erweist sich als bloße „Direktive für die Urteilskraft“[116] für diejenigen, die eine solche Form der Rationalität bereits voraussetzen.[117]

Auch der von Habermas für praktische Diskurse eingeführte „Grundsatz der Verallgemeinerung“[118], der als „Argumentationsregel“ gelten soll[119], ist deshalb nur als „regulative Idee“ in Form einer „Direktive für die Urteilskraft“ denkbar: Die Aussage, daß „nur die Normen Geltung beanspruchen dürfen, die die Zustimmung aller Betroffenen als Teilnehmer eines praktischen Diskurses finden“[120], wird unter der Prämisse der historischen Unmöglichkeit realer Diskurse auf die Forderung eingeschränkt, daß die Normen die Zustimmung aller Diskursteilnehmer finden „*könnten*“.[121]

Der Entwurf Habermas', der als beispielhaft dafür gelten kann, eine Alternative zu dem hier vertretenen Ansatz der operativen Selbstreferenz zu entwickeln, vermag also seinen Anspruch nicht einzulösen. Das Vorhaben, die Vernunft zur intersubjektiven „Diskursrationalität“ zu entsubstantialisieren, gelingt nur um den Preis der Aufrechterhaltung des Vernunftsubjekts. Damit ist die Habermassche Diskurstheorie nicht „widerlegt“, erscheint aber für eine dezentrierte Welt, in der jede von vielen Selbstreflexivitäten ein eigenes „Zentrum“ bildet und in der (nicht auf *Sprache* beschränkter[122]) „Sinn“ polykontextural gegeben ist, als „unterkomplex“.

Oben hatten wir die These ausgeführt, daß sowohl soziale Kommunikationssysteme als auch Bewußtseine rekursiv in sich geschlossen sind. Das „Subjekt“ selbst ist danach „nichts weiter ... als die Formulierung für ein Resultat von Interpenetration“.[123] Ein *Verstehen* kann nur im jeweiligen System geschehen[124]; es gibt also keine „Übertragung“ von Sinn[125] und auch keine „Verschmelzung“ im Konsens.[126] *Kommunikation* ist ihrerseits nur als selbstreferentieller Prozeß möglich[127]; als Synthese von Information, Mitteilung und

---

[116] Tugendhat 1984, S. 101 (in Bezug auf das von ihm angenommene „Prinzip der Unparteilichkeit“)

[117] Vgl. Tugendhat 1984, S. 119f.

[118] Eine strittige Norm soll unter den Teilnehmern eines praktischen Diskurses nur dann Zustimmung finden, wenn „die Folgen und Nebenwirkungen, die sich aus einer *allgemeinen* Befolgung der strittigen Norm für die Befriedigung der Interessen eines *jeden Einzelnen* voraussichtlich ergeben, von allen *zwanglos* akzeptiert werden können“; Habermas 1983a, S. 103

[119] Ebd.

[120] Ebd.

[121] Ebd.

[122] Vgl. Köck 1980, S. 87ff.(99ff., 110ff.). Zur Gleichzeitigkeit der Entstehung und zur Interdependenz von Sprachfähigkeit und „Selbstverhältnis“ vgl. Henrich 1986, S. 501ff.

[123] Luhmann 1984a, S. 113

[124] Vgl. Luhmann 1984a, S. 110f.; ders. 1986b, S. 79ff.

[125] Luhmann 1984a, S. 193ff.

[126] Vgl. Luhmann 1984a, S. 113; Habermas 1985a, S. 440

[127] Luhmann 1984a, S. 198

Verstehen „ist die Kommunikation realisiert, wenn und soweit das Verstehen zustandekommt".[128] Ob ein Konsens vorliegt, d.h. ob der mitgeteilte Sinn angenommen wird oder nicht, ist wiederum nur durch Beobachtung und Beschreibung zu ermitteln, die dem Kommunikationsakt nachfolgt und deshalb kein Bestandteil von ihm ist.[129] Auch an dieser Stelle soll also nicht versucht werden, die Beobachterperspektive zu verlassen, um die Perspektive des „Handelnden" einzunehmen, da der Zirkel der Beobachtung nicht gesprengt werden kann. Der Sprung auf die Ebene des idealen Diskurses kann den Wiedereintritt der Unterscheidung in das Unterschiedene nicht verhindern: Unter der Voraussetzung der Nichttranszendierbarkeit der Geschichte muß auch der vernünftigste Konsens nochmals daraufhin beobachtet werden (können), ob er vernünftig ist. Das Problem, „daß der Diskurs sich selbst von dem unterscheidet, wovon er handelt"[130], bleibt bestehen. Es kann folglich nur darum gehen, von Beschreibungen zu Beschreibungen der Beschreibungen ... fortzufahren (Beschreibungen von ——┐[131]) und dabei die Differenz von Beschreibung des Gegenstandes (und der Beschreibung der Beschreibung ...) und dem Gegenstand selbst mitzudenken.[132]

Diese Zirkularität kann nicht durch die Annahme einer „Lebenswelt" oder eines intersubjektiv geteilten „Konsenses" unterbrochen werden. — Die Figur des „Konsenses" kann natürlich (wie die der „Vernunft" oder die der „Begründung" im allgemeinen) dazu dienen, den Zirkel im Rahmen tatsächlicher Kommunikation zu *asymmetrieren.* Asymmetrien weisen jedoch nur auf die generelle Notwendigkeit hin, der Selbstparadoxierung von Systemen zu entgehen; für die Diskussion eines spezifischen epistemologischen Paradigmas können sie nichts beitragen.

3. Kritische Einwände

Die Vermutung, daß es zu der „weitreichende(n) Revision der auf Sein, Denken und Wahrheit fixierten Begrifflichkeit der abendländischen Tradition"[133] durch die Theorie selbstreferentieller Systeme keine funktional äquivalente theoretische Alternative gibt, nährt zugleich eine Reihe von Besorgnissen.

a) Konstruktion und Kritik ohne „vernünftige Identität"

Aufgrund unserer bisherigen Ausführungen ist deutlich geworden, daß es eine „transzendierende" Kraft der „Vernunft" nicht gibt. *Rationalität* ist immer

[128] Ebd. S. 203; vgl. Köck 1980, S. 110f.
[129] Vgl. Luhmann 1984a, S. 203f.
[130] Luhmann 1986c, S. 178
[131] Vgl. oben Kap.2.II.3.
[132] Vgl. Luhmann 1986c, S. 179, 192f.
[133] Habermas 1985a, S. 430

schon in Operationen von Systemen integriert und kann ihrem Begriff nach nicht mehr beinhalten als eine nochmalige selbstreferentielle *Kontrolle von Differenzen.* Dies bedeutet, Differenzen unter dem Gesichtspunkt ihrer *Einheit* zu thematisieren, um damit *Distanz* zu sich selber zu gewinnen.[134] Eine Rechtstheorie, die die Unterscheidungen innerhalb des Rechtssystems sowie die Unterscheidung zwischen dem Rechtssystem und seiner Umwelt als Einheit reflektiert und damit Einheit von Differenz innerhalb des Rechtssystems abbildet[135], ist also per se ein Beitrag zur Rationalitätsfindung. Mehr läßt sich darüber aus der Perspektive der Theorie selbstreferentieller Systeme nicht sagen.

Alle Hoffnungen auf eine „vernünftige Identität", die moderne Gesellschaften noch als ganze erringen könnten[136], sind vergeblich geworden. Dies bedeutet nicht, daß keine *Kritik* mehr möglich wäre.[137] Im Gegenteil: Die „Pluralisierung" von Beobachterstellen in sozialen Systemen und das Anwachsen von System-Umwelt-Interdependenzen vermehrt die Kommunikationschancen auch für Kritik und Widerspruch.[138] Lediglich der „archimedische Punkt" der „Vernunft"/„Wahrheit"/„Richtigkeit", an dem Kritik *wie* Konstruktion festzumachen wären, fehlt.[139] Da dies — wie wir *nunmehr* wissen — *immer* so war (denn „Vernunft" usf. war ein vergeblicher Versuch, die zirkuläre Konstitution zu sprengen), braucht die Besorgnis nicht geteilt zu werden, eine Kritik werde *jetzt* „richtungslos".[140] (Selbstverständlich ist niemand daran gehindert, weiterhin an diesem „archimedischen Punkt" festzuhalten, um von dort aus Identitäten und Teleologien konstruieren zu können.) Jede Argumentation ist *für sich* darauf angewiesen, Asymmetrierungen einzusetzen, um reiner Zirkularität zu entgehen, so daß — nicht anders als bisher — eine Vielzahl in sich plausibler (und sehr „zielgerichteter") Argumentationsstrategien möglich bleiben. Nur — und dies bildet wohl den Kern der Besorgnis — kann weder vom „vernünftigen Subjekt" noch von „vernünftiger Intersubjektivität" her bestimmt werden, welcher der vorgebrachten Argumentationsstränge den *Vorrang* haben soll. Hierüber kann nur das rekursiv-geschlossene System sozialer Kommunikation selbst entscheiden; der über systemspezifische Codes gefilterte Anschluß von Kommunikation an andere Kommunikation kann nicht noch einmal „gesteuert" werden. Was sich als (lokal und zeitlich begrenzter) Konsens durchsetzt, geschieht als *Evolution.* Und auch hier ergibt die Rekonstruktion: es war schon immer so gewesen. Sofern eine Homogenität der gesellschaftlichen Selbstbeschreibung existierte (als kohärentes religiöses, wissenschaftliches oder ideologisches Weltbild), war sie vermittelt durch die Zentrierung sozialer Strukturen in

---

[134] Luhmann 1984a, S. 599, 640f.

[135] Ebd. S. 640f.

[136] Vgl. insgesamt Habermas 1985a (z.B. S. 432)

[137] So aber Habermas ebd., S. 432

[138] Vgl. Luhmann 1984a, S. 488ff.; Breuer 1987, S. 122 Fn.7

[139] Vgl. Breuer 1987, S. 120f.

[140] So Habermas 1985a, S. 432

Hierarchien (so im Feudalismus) oder durch die Homogenität einer „Klasse", die sich als Verkörperung des allgemeinen Willens sehen konnte (so um den Preis des Ausschlusses des „Proletariats" im bürgerlichen Staat). Nach dem Zerfall der bürgerlich-liberalen Gesellschaftsformation ist eine ähnliche soziologische Homogenität nicht mehr zu erkennen. Keine heimliche oder explizite Berufung auf „übergeordnete" Materialitäten (Gott, Naturrecht, Vernunft, Volk, Verfassung usf.) vermag seither Anspruch auf allgemeine Akzeptanz erheben — und die Prüfung der Verallgemeinerungsfähigkeit von Interessen im Diskurs kann „kaum etwas anderes ergeben, als daß es in der modernen Gesellschaft nur noch sehr wenig allgemeine Interessen gibt".[141]

Die Unmöglichkeit der Hoffnung auf „Naturrecht"[142] einerseits oder auf einen „demokratischen Gesetzgeber"[143] bzw. den „vernünftigen Diskurs" der Juristen[144] andererseits bedeutet für das Rechtssystem nicht, alle Eigenorientierungen in bloßem *Relativismus* aufzulösen. Die Emergenz von Rechtshandlungen „von oben", durch das System selbst[145] läßt das, was ein Beobachter „für sich" für sicher hält, auf der Ebene des sozialen Systems als kontingent und insofern als unsicher erscheinen. Diesbezüglich mag man von „Relativismus" sprechen, der aufgrund der systemrelativen Realitätskonstitution nicht vermeidbar ist und mit dem man deshalb leben muß. Fern jeden Gleichgewichts kann das soziale „Kommunikationsnetzwerk" seine Ordnung nur durch Schwankungen („fluctuations") herstellen.[146] Jenseits dieser „mikroskopischen" Perspektive läßt sich jedoch zugleich die „makroskopische" Sicht der Systemevolution einnehmen, durch die die Kontingenzen des jeweiligen Augenblicks retrospektiv in den konkreten Verlauf der Geschichte eingebunden werden: aus dem „Chaos" ist immer schon „Ordnung" entstanden.

Die Theorie selbstreferentieller Systeme ist damit gleichermaßen weit entfernt von einem historischen oder sozialen „Relativismus" *wie* von der Favorisierung einer verselbständigten „Systemrationalität". Nicht „anything goes"[147], sondern nur das, was der rekursiv-geschlossene Kommunikationszusammenhang des Rechtssystems als Anschlußkommunikation zuläßt. Andererseits kann kein Kommunikationsbeitrag im voraus ausgeschlossen werden, und seine Auswirkungen lassen sich nicht sicher präjudizieren: „Each individual action or each local intervention has a collective aspect that *can* result in quite unanticipated global changes".[148] Bildhafter formuliert: „Ein Körnchen, auf eine der Waagschalen geworfen, genügt, um das System zu derangieren".[149] Weder Verände-

[141] Maus 1986a, S. 321
[142] Dazu Breuer 1983
[143] Maus 1976; dies. 1986a
[144] Im Anschluß an Habermas Alexy 1978
[145] Luhmann 1984a, S. 43
[146] Vgl. Prigogine/Stengers 1984, S. 140ff., 177ff.
[147] So Feyerabend 1976
[148] Prigogine/Stengers 1984, S. 203 (Hervorh.v.Verf.)

rung noch Nichtveränderung sind vom System her (als „Subjekt" eines finalen Prozesses) zu planen oder zu steuern, denn auch „Planung" ist nur eine spezifische Form der Selbstbeschreibung des Systems — und damit notwendigerweise unterkomplex und als kontingent erfahrbar.[150]

b) „Normativität und Faktizität"

Spätestens an dieser Stelle tritt neben die Besorgnisse des Rationalitäts- und Identitätsverlusts die Sorge um die *Ohnmacht* des Rechts gegenüber seiner gesellschaftlichen Umwelt. In diskurstheoretischer Formulierung handelt es sich um die Assimilation von Geltungsansprüchen an Machtansprüche (Habermas).[151] In demokratietheoretischer Wendung führt die Angleichung von Normativität an die Faktizitäten gesellschaftlicher Teilbereiche zur Paralyse demokratischer Potentiale und zum Abbau freiheits- und partizipationsverbürgender rechtsstaatlicher Sicherungen.[152] Insofern dieser Einwand auf die nicht mehr erreichbare *Generalisierung* von „Interessen" durch Normen zielt[153], gilt das hierzu schon Gesagte: Keine noch so vehemente Beschwörung des „formal-rationalen Rechts", das „dem Schwachen Schutz" bietet[154], kann die gesellschaftliche Homogenität wiederherstellen, die seine Voraussetzung war. Hinsichtlich einer „Assimilierung" von Normativität an „Faktizität" lassen sich im übrigen zwei Aspekte unterscheiden.

Einmal kommt darin die Besorgnis zum Ausdruck, eine Trennung zwischen normativen und kognitiven Aspekten des Rechts werde zunehmend schwieriger. Dies ist insofern richtig, als die Zunahme an kognitiven Operationen im Rechtssystem die „Letztzurechnung" auf die Codewerte Recht und Unrecht immer kontingenter erscheinen läßt. Andererseits verdankte sich der Besitz eines scheinbar „festen" Bestandes an Normativität immer der Externalisierung derselben in „Subjekten" (göttliches, natürliches, Vernunftrecht) bzw. dem Bezug auf soziale „Fremdsysteme" (Religion, Moral, Ethik; schon „unsicherer": Politik, Ökonomie). Mit dem Verzicht auf jede Externalisierung wird die Entscheidung für „Recht" und gegen „nicht-Recht/Unrecht" ins Rechtssystem

---

[149] Simon-Nicolas-Henri Lunguet, Lettres sur la Théorie des loix civiles, Amsterdam 1770, S. 96, zitiert bei Luhmann 1986g, S. 224

[150] Vgl. Luhmann 1984a, S. 635ff. (637, 638)

[151] 1983a, S. 83ff. Habermas thematisiert an dieser Stelle *moralische* Normen, nicht Rechtsnormen. Da aber die Habermassche Unterscheidung zwischen „System und Lebenswelt" (1981 II, S. 229ff.) — und damit auch die Unterscheidung zwischen Recht als „Institution" und als („systemisches") „Medium" (ebd. S. 536ff.) — im Rahmen der von uns eingeführten Prämissen als nicht haltbar erscheint (vgl. dazu Luhmann 1986c; Maus 1986a, S. 309ff.; Henrich 1986, S. 506f.), soll hier in Bezug auf das Rechtssystem zitiert werden.

[152] Vgl. Maus 1976 (z.B. S. 19f., 46, 54ff., 124ff., 167); Willke 1983, S. 79; Söllner, Nachwort zu Neumann 1980 (S.374)

[153] Habermas 1983a, S. 82f.; Neumann 1980, S. 329ff.

[154] Neumann 1980, S. 335

zurückverwiesen. Normative und kognitive Referenzen bleiben dabei klar getrennt, da das System durch den Anschlußzwang an den Code Normen immer als Normen (und nicht als Fakten) behandeln muß, gleich welche Programmierungen zugrundeliegen. Solange die *Differenz* von normativen und kognitiven Operationen thematisiert und gehandhabt werden kann — und genau dies ist die Aufgabe des Rechts! —, bleibt Normativität möglich; auf die fehlende *Generalisierbarkeit* kongruenter Erwartungen kommt es hierbei nicht an.

Das Problem der „Angleichung" von Normativität an Faktizität ist daher nicht das Problem des Rechtssystems (das Normen normativ behandelt) *oder* seiner gesellschaftlichen „Umwelt" (die Normen als Fakten sieht), sondern liegt in *Interpenetrationsverhältnissen,* also darin, wie die jeweilige Systemkomplexität für andere Systeme zur Verfügung steht. Zwischen sozialen Systemen und zwischen sozialen und psychischen Systemen können nie einseitige Penetrationsbewegungen, sondern immer nur wechselseitige Konstitutionen vorliegen.[155] Es beleuchtet daher jeweils nur *einen* Teil dieses Zusammenhangs, wenn man von der „normativen Kraft des Faktischen"[156] redet oder umgekehrt auf die historische Kraft normativer Strukturen hofft.[157] Mit der Erkenntnis des prinzipiellen Vorhandenseins von Interpenetrationsbeziehungen ist über ihre konkrete Ausgestaltung allerdings noch nichts ausgemacht. Die Sorge um das Übergewicht gesellschaftlicher „Vormächte" hat hier ihren Ort. Wie wir in der Rekonstruktion der Hegelschen Rechtsphilosophie gesehen haben, war die Frage der sozialen Herrschaft rechtlich-normativ nicht erfaßbar, solange in das Recht durch die Abstraktionen von „Subjekt" und „freiem Willen" eine „Kommunikationssperre" eingebaut war. Das Recht stand damit „neben" politischer und ökonomischer Macht — auch wenn reale soziale Verhältnisse von Anfang an nicht vollends verdrängt werden konnten. Spätestens mit dem historischen Veralten aller Externalisierungen in einem „prozeduralisierten" Recht ist aber eine Thematisierungs*chance* von „Neu-Rechten"[158] (oder „Gegen-Rechten") entstanden, die nicht mehr an das spezifische Kognitionsverbot des „abstrakten Rechts" gebunden ist. Dadurch hat die kognitive Offenheit des Systems und mit ihr die Differenzierung zwischen Codierung und Programmierung[159] eine immense Steigerung erfahren.

Der „Sitz" des Problems hat sich somit verlagert, aber das Problem ist das gleiche geblieben: soziale „Vormächte" können nun, statt sich vom Recht „unbemerkt" *neben* ihm zu entfalten, „penetrierend" auf rechtliche *Programmbildungen* einwirken. Eine neue Art der „Unbemerktheit" schleicht sich hierbei durch den Zwang ein, im Rahmen von Generalklauseln und unbestimmten Rechtsbegriffen die „Kompromißsprache" des Rechts auf unterstellte/ver-

---

155 Vgl. Luhmann 1984a, S. 296ff.

156 Jellinek 1966, S. 337ff. (in psychologisierender Sicht)

157 Habermas 1981 I, S. 262ff.; II, S. 548ff.

158 Wiethölter 1982a, S. 135

159 Vgl. Luhmann 1986f, S. 194f.

mutete soziale Akzeptanz auszurichten. „Konfliktvermeidungs- und Konsenserhaltungsstrategien" werden von den Entscheidungsträgern (Individuen und — vor allem — Gremien) internalisiert, so daß „nicht konsensfähige ‚ideologische' Lösungen ..., die eine gesellschaftlich sanktionierte Wertrelation zwischen Gütern verletzen würden", unterhalb der Thematisierungsschwelle verbleiben oder scheitern.[160] Im Unterschied zum „abstrakten Recht" kann aber eine derartige Thematisierung nicht mehr *rechtsstrukturell* ausgeschlossen werden; das prozeduralisierte Recht läßt prinzipiell „auch die latenten Gegenwerte an die Oberfläche der gesellschaftlichen Wahrnehmung treten".[161]

Die scharfe Trennung zwischen dem Reich des Normativen und dem Reich des Tatsächlichen verliert damit ihre soziale Plausibilität. Retrospektiv erweist sich die „Selbständigkeit" von Normativität als *Effekt* der gesellschaftlichen Abspaltung des „abstrakten Rechts" von seinen zugrundeliegenden „Substraten", während die Rücknahme dieser Abstraktion ein erhöhtes Maß an kognitiver Offenheit und Interpenetration zur Folge hat. Statt über die „Assimilation" von Normativität an Faktizität besorgt zu sein, sollte man daher besser davon sprechen, daß es um die *„Inhalte"* rechtlicher Normativität gehe, also um die Gesamtheit ihrer Konstitutions- und Reproduktionsbedingungen („Institutionen", materiellrechtliche und verfahrensrechtliche Programmierungen). Hierfür ist durch die neue „Form" einer „sozial integrierten" Normativität noch nichts präjudiziert. Zwar haben wir festgestellt, daß das Recht insoweit nur die Evolution von Ökonomie und politischem System *nachvollzieht*[162]; für „Vertretbarkeits-Kontrollen" hinsichtlich strategischer „Planungen" in partikularen „Arenen" gilt nicht mehr die Generalität *des* Marktes oder *des* allgemeinen politischen Willens. Dies heißt aber nicht, daß nun die „konkrete Ordnung"[163] von Sozialbereichen das „Bestimmende" wäre, denn das bedeutete, zu einer als überholt erkannten *Kausal*analyse zurückzukehren. Entgegen normativistischen Ontologien muß die Theorie selbstreferentieller Systeme darauf beharren, daß die „konkreten Ordnungen" ihre Normativität nicht „in sich selbst" haben[164], sondern daß *rechtliche* Normativität ein internes Produkt des Rechtssystems ist. Und im Gegensatz zu teleologischen Geschichtsphilosophien verfügt diese Theorie auch über kein Wissen darüber, auf welches Ziel sich soziale Evolution hinbewegt — sei es die Endzeit des sich verabsolutierenden Kapitals oder das Aufspringen des Tors zu einem neuen Reich der sittlichen Freiheit.

Was allein möglich bleibt, sind begrenzte *Strukturprognosen*[165] aufgrund theoretischer Realitätsbeschreibungen, mit deren Hilfe Rechtstheorie die Funk-

[160] Ladeur 1979, S. 340f. Vgl. dazu die Interpretation des Beschlusses des Hessischen Staatsgerichtshofs vom 14./15.1.1982, DÖV 1982, S. 320ff. („Startbahn-West") in Ladeur 1984a, S. 51ff.

[161] Ladeur 1984a, S. 231

[162] Oben Kap.3.II.4.b)

[163] C.Schmitt 1934, S. 11ff.

[164] So C.Schmitt ebd., S. 20

[165] Vgl. Teubner 1985a, S. 21 (= 1988b, S. 226)

tion von „second order cybernetics" des Rechtssystems wahrnehmen könnte[166] — das „erfolgreiche" Einfließen der Theorie in die rechtliche Selbstreproduktion vorausgesetzt.

Die Selbstaufklärung des Systems erreicht ein neues Niveau, wenn zum Bestandteil der Selbstbeschreibung wird, daß das Recht auch im „innersten Kern" seiner „höchsten" Normen kontingent ist und daß „‚oben' nichts anderes zu erwarten ist als eine Paradoxie".[167] Das „Projekt der Aufklärung" — sofern es bedeutet: „Manifestmachen von latenten Strukturen und Funktionen"[168] — wird damit fortgesetzt und an einen vorläufigen Endpunkt gebracht. Die Entzauberung der Welt erstreckt sich letztendlich auch noch auf die „Vernunft" (und ihre Derivate) als der „Suche nach einer Art Gegeninstanz, die dem modernen Kontingenzbewußtsein Halt gibt".[169]

Mit dem Verlust jedes „äußeren" Halts wird die Notwendigkeit, „trotzdem Asymmetrien zu begründen", dringlicher.[170] Für die Ebene rechtlicher Programmierungen hatten wir als „Hauptsuchrichtung" für neue Aysmmetrien die Umstellung von strukturellen auf temporalisierte Entparadoxierungen herausgearbeitet. Dies müßte für die Evolution von „Foren, Verfahren und Maßstäben"[171] eines „prozeduralisierten" Rechts zum zentralen reflexionsleitenden Gesichtspunkt werden. Dabei ist zu berücksichtigen, daß zwischen Systemen (sowohl zwischen sozialen als auch zwischen sozialen und psychischen) ein höherer Grad von *Freiheit* erreicht wird, wenn Selbstbeschreibung und -reproduktion vom Modell umweltoffener, operativ-geschlossener Systeme ausgehen (statt von „geschlossenen" Systemen) und damit zugleich Menschen nicht mehr als „Bestandteile" der Gesellschaft gedacht werden können.[172] Die Menge der möglichen Kommunikationen wächst an und die Selektivität von Handlungen (als „mixed-motive games"[173]) wird weniger „berechenbar".[174]

An dieser Stelle kann der ursprüngliche „Vermittlungs"anspruch des Rechts in systemtheoretischer Rekonstruktion[175] wiederaufgenommen werden. Es entsteht dann die Frage, ob und wie es dem Rechtssystem als ganzem — entsprechend der Rechtstheorie im Rahmen des Rechtssystems — gelingen könnte, als „second order cybernetics" zu fungieren, indem es — als auf Normativität spezialisiertes „Metakommunikationssystem" — prozedurale Regelungsvorgaben für gesellschaftliche Pluralität und Dissens zur Verfügung stellt.

---

166 Vgl. Luhmann 1984d, S. 53

167 Ebd.

168 Luhmann 1984a, S. 468

169 Ebd.

170 Luhmann 1984d, S. 38; vgl. ders. 1987b, S. 320

171 Wiethölter 1986b, S. 30

172 Vgl. Luhmann 1984a, S. 289, 290f.

173 Ebd. S. 291

174 Ebd.

175 Oben Kap.3.II.4.

5. Kapitel

Programmierung von Programmierungen: „second order cybernetics"[1]

I. Operative Autonomie und Steuerung

Alle Regelungen durch Recht sind Regelungen im Rechtssystem (und nicht in vom Recht in Referenz genommenen „Fremdsystemen"). Das Recht kann sich nur als Recht reproduzieren, nicht als Politik, Ökonomie, Sozialisation, Erziehung usf. — Wie aufgrund der Analyse von kommunikativer Offenheit und Interpenetrationsverhältnissen deutlich geworden ist, besagt diese (Selbst-)Beschreibung aber noch nichts für die konkrete Ausgestaltung eines positivierten Rechtssystems: Sowohl der Universalismus des allgemeinen Gesetzes als auch die partikulare Regelung einzelner Sozialbereiche erfüllen die Bedingungen rechtlicher „Autopoiese". Die Kennzeichnung als operativ geschlossenes „reines" Recht trifft *nur* den „modus operandi" rechtlicher Normativität und wäre daher für eine *präskriptive* Orientierung, die nach den (Re-)Produktionsbedingungen eines prozeduralisierten Rechts fragt, indem sie deskriptiv gewonnene Resultate als Richtungsangaben für soziale Evolution verwenden will (Strukturvoraussagen/„pattern prediction"[2]), nicht ausreichend. Die Annahme einer „Autonomie" sozialer Systeme in einem weitergehenden (traditionellen) Sinn und der daraus abgeleitete Schluß, daß Systeme *deshalb* sich nicht wechselseitig „beeinflussen" (und das Recht *deshalb* andere „autopoietische" Systeme nicht „steuern") könnten,[3] wären m.a.W. „normativistische Fehlschlüsse".[4]

Wenn es ein *normativ gewendetes* Modell rechtlicher Autonomie gab, dann entsprach es der „*liberalen*" Organisation der Wirtschaftsgesellschaft des 19. Jahrhunderts. Unter den (wie immer idealisierten) Bedingungen eines allgemeinen Marktes vermochte das positivierte bürgerliche Recht jedoch sehr wohl zu „steuern", indem es auf die ökonomische Selbstregulation vertraute (insofern *nicht* steuerte!) und sich darauf beschränken konnte, die Rahmenvoraussetzungen der Rechtssubjektivität (Rechts-, Geschäfts-, Prozeßfähigkeit, Fehlen von

[1] Vgl. Luhmann 1987b, S. 312; Ghose 1980

[2] Vgl. Teubner 1985a, S. 21 (= 1988b, S. 226)

[3] Insoweit m.E. noch durchaus mißverständlich Teubner 1985b, S. 16ff. (20f.) und 1985a, S. 29ff. (= 1988b, S. 233f.), wiewohl er ebenfalls lediglich von operativer Autonomie ausgeht. Eine differenzierte Diskussion des Autonomiebegriffs jetzt bei Teubner 1987b, S. 438ff.

[4] Vgl. dazu auch Luhmann 1985b (S.4f.)

Irrtum und Täuschung) zu markieren sowie die Bedingungen eines funktionierenden Marktes nachzuzeichnen (Zurverfügungstellen zwingender oder fakultativer Austauschvertrags- und Organisationsformen; nachträgliche „Einregulierung" von Leistungsstörungen und sonstigen Abweichungen vom vorausgesetzten Normalitätsablauf). Das öffentliche Recht konnte sich unter der Voraussetzung der Trennung von Staat und Gesellschaft im Kern auf „hoheitliches" Recht und Eingriffsverwaltung eingrenzen und damit ebenso auf die Steuerung durch „Nichtsteuerung" vertrauen.

Unter den heutigen politisch-ökonomischen Gegebenheiten („vermachtete" Teilmärkte und partikularisierte politisch-gesellschaftliche „Arenen") wird dagegen deutlich, daß das Recht nicht (mehr) steuert, wenn es auf Steuerung „verzichtet" — das „Steuerungsversagen" des Rechts (und der Politik) geht auf „Marktversagen" zurück. Eine regulierende „Verrechtlichung" von Sozialbereichen mag nun allererst erforderlich erscheinen, ist aber vollends nicht mehr im traditionellen Sinn einer linear-kausalen Einflußnahme bzw. einer „finalen" Bewirkung von Handlungen/Ereignissen zu denken. Neben der operativen Geschlossenheit des Rechtssystems ist es die *soziale* Determinante der fehlenden Homogenität von „Werten"/„Interessen", die es nicht mehr erlaubt, den Staat (das Recht und die Politik) als „Subjekt" einer planenden Allgemeinheit zu hypostasieren. Aus der Perspektive des „soziologischen" Außenbeobachters tritt neben die Partikularität *im* Recht die Partikularität *des* Rechts. Das Rechtssystem ist ein System unter vielen, dessen Normativität sich andere Systeme bedienen können, aber nicht müssen. Nur das vom Recht in Referenz genommene „Bezugssystem" kann entscheiden, ob es das Angebot einer Orientierung am Code von Recht und nicht-Recht jeweils annehmen (und sich damit interpenetrativ zum momentanen „Bestandteil" des Rechtssystems machen) will. Insoweit „kommt (das Rechtssystem) gar nicht dazu, sich selbst über Verrechtlichung und Entrechtlichung Gedanken zu machen. Es wird gar nicht gefragt".[5] Diese „Kontingenz ‚von unten'"[6] „zwingt zu einer Umkehrung klassischer Denkmuster zumindest für den Bereich des für Privatpersonen disponiblen Rechts: Die reflexive Steuerung liegt nicht in den Händen des Staates, sondern in den Händen der Betroffenen."[7] Auch in den (eng umgrenzten) Bereichen, wo Rechts*folgen* (also nicht: die operationale Bindung des „Fremdsystems" an den Rechtscode!) mittels staatlichen *Zwanges* durchgesetzt werden (sollen), bleibt zuletzt die Kontingenz des „Erwischtwerdens" (des Sich-entziehen-Könnens)[8]

Das Problem des Rechts im Verhältnis zu seiner Umwelt ist also, daß es nicht regeln kann, *daß* es regelt. Es regelt nur, wenn es regelt, nämlich *innerhalb* seiner Systemgrenzen. *Hier* gilt die *Universalität* des Rechtscodes: Die gesamte

[5] Luhmann 1985b, S. 12

[6] Ebd. S. 11

[7] Ebd. S. 12

[8] Vgl. Luhmann 1984d, S. 59; ders. 1985b, S. 10, 18

gesellschaftliche Sinnproduktion ist vom Recht aus zugänglich, aber aller Sinn läßt sich nur auf der Matrix von Recht und nicht-Recht abbilden — was von der Welt thematisiert wird, ist von vornherein „verrechtlicht“. Der interne Anspruch des Rechts, eine normative „Metakommunikation“ über sozialen Dissens herzustellen, läßt sich folglich auf Intersystembeziehungen nicht „direkt“ übertragen. Die Vorstellung eines „hierarchischen“ Modells, nach dem das Recht im Verhältnis zu anderen Systemen auf einer „höheren“ Ebene steht,[9] scheidet aufgrund unserer theoretischen Analyse aus. Die Suche nach „Steuerung“ reduziert sich damit auf die Frage nach der Möglichkeit einer (gerichteten) „Ko-Evolution“ von sozialen Systemen,[10] einer „Zivilisierung der Evolution“[11] in Richtung auf eine „stabile Dauerveränderung“[12] der Gesamtgesellschaft, zu der das Recht als „Intersystem-Verhandlungssystem“[13] beitragen könnte. Verzichtet werden muß dabei auf die Absicht, „den funktionalen Primat eines gesellschaftlichen Subsystems — sei es des Marktes, des Staates oder der Gemeinschaft — wiederherzustellen und diese Subsysteme in den Rang eines globalen Ordnungswächters zu erheben“.[14] Es kann für das prozeduralisierte Recht daher von vornherein nur darum gehen, die „Struktur der Möglichkeitsbedingungen eines Handlungsfeldes“[15] *indirekt* zu beeinflussen, indem es „objektive Möglichkeiten“ (statt subjektivrechtlicher „subjektiver Möglichkeiten“)[16] vorgibt. Die Partikularität gesellschaftlicher Handlungsfelder führt dabei zu einer (zumindest: teilweisen) *Nicht-Kompatibilität* bereichsspezifischer Normierungen.[17]

Entwicklungslinien, die auf ein solches Resultat hinführen, zeichnen sich seit der Ausdifferenzierung von „Sonderprivatrechten“ ab. Das Arbeitsrecht folgt anderen Maßstäben als das allgemeine Vertragsrecht, Verbraucherschutzrecht und Unternehmensrecht sind nicht ineinander „übersetzbar“ und dem Recht der Meinungsäußerung liegen andere Funktionsorientierungen zugrunde als dem Kapitalmarktrecht. Was die selbstreferentielle „Transformation“ der Rechtskategorie ausmacht, betrifft nicht diese „Substrate“, sondern die Art ihrer Beschreibung als Bestandteil des Rechtssystems: Die bislang „reifiziert“ („materialisiert“) gehandhabten Gerechtigkeitsvorstellungen und Zielprojektionen wandern in die prozedurale „Recht-Fertigung“[18] ein.

---

[9] So aber offenbar Preuß 1986, S. 33

[10] Vgl. Teubner 1985a, S. 32ff. (= 1988b, S. 235ff.)

[11] Willke 1987, S. 269

[12] Wiethölter 1982c, S. 7 (= 1986c, S. 225)

[13] Teubner 1985a, S. 35 (= 1988b, S. 237)

[14] Offe 1987, S. 112

[15] Ladeur 1984a, S. 173; vgl. Teubner 1985a, S. 28f. (= 1988b, S. 232)

[16] Wiethölter 1986b, S. 29

[17] Vgl. Ladeur 1984a, S. 216ff.; ders. 1986a, S. 66; Maus 1986a, S. 323

[18] Wiethölter 1982c, S. 1 (= 1986c, S. 221)

II. „Resonanz"

Wenn das Rechtssystem andere soziale Systeme nicht „steuern" kann, diese vielmehr selbst bereits von ihrem interpenetrativen „Anschluß" an Recht zum Zwecke der Konfliktvorsorge und -bearbeitung „überzeugt" sein müssen, geht es als Voraussetzung für rechtlichen „Einfluß" um Bereiche, in denen das Rechtssystem mit diesen Systemen in „*Resonanz*" treten kann.[19]

Unter dem allgemeinen Phänomen der „Resonanz" wollen wir die „Schwingungen" verstehen, in die Systeme durch „Umweltgeräusche" versetzt werden.[20] „Resonanz" meint nicht lediglich „*kognitive Offenheit*", denn dabei handelt es sich um system*interne* Operationen.[21] Ebenso ist „Resonanz" nicht mit „*Interpenetration*" gleichzusetzen, sondern ermöglicht diese und geht ihr somit voraus: Systeme müssen erst dazu kommen, denselben Code zu verwenden. „Kommunikative Offenheit" reicht zur Erklärung hierfür nicht aus, sondern gibt nur den Rahmen an (nämlich: die Gesamtgesellschaft), in dem soziale Interpenetration stattfinden kann. Verfehlt wäre ebenso ein Ansetzen beim „Konsens", bei dem es sich nur um die Beschreibung eines Kommunikationsergebnisses durch das jeweilige System als „übereinstimmend" handelt.

Zwar kann ein System nur aufgrund seiner „Eigenfrequenzen" „schwingen"[22] und ist insofern nur „sehr begrenzt" resonanzfähig.[23] Ein „Umweltgeräusch" kann erst dann systemintern berücksichtigt werden, wenn es die „Doppelfilter" der Codierung und Programmierung „durchlaufen" hat.[24] Durch die zunehmende Abstraktheit der Codierung — wir haben diese Entwicklung für das Recht nachvollzogen — steigt aber auch die Resonanzfähigkeit des Systems an, da die Spannweite der Operationen, die sich auf den Code beziehen lassen, größer wird.[25] „Störungen"[26] mögen solche „Geräusche" aus der Perspektive eines Systems sein, solange es sie noch nicht in Codierung und Programmierung erfaßt hat; aus der Sicht des „Außenbeobachters" und in der Retrospektion des Systems selbst kann es sich um evolutionär chancenreiche Neuanstöße handeln. So ist es kein „Störfall" sondern die Regel, daß „Bewußtseinsprozesse von beteiligten Personen"[27] gesellschaftliche Kommunikation beeinflussen und ihre kognitiven Gehalte im Falle der „Anschlußfähigkeit" in die operative Selbstreferenz des Sozialsystems übernommen werden. Da der Begriff der „Störung" allzu wertende Implikationen mit sich führt, sollte er — wie andere mißverständliche

---

19 Vgl. Roth 1987a, S. 274; zum Begriff ausführlich Luhmann 1986g, S. 40ff.

20 Vgl. Luhmann 1986g, S. 40; Offe 1984, S. 242 (: „Kontextsensitivität")

21 Vgl. Luhmann 1986g, S. 45

22 Ebd. S. 41

23 Ebd. S. 44

24 Ebd. S. 220

25 Ebd. S. 83

26 Ebd. S. 97f., 221

27 Ebd. S. 221

Termini — in einer Theorie der operativen Selbstreferenz nicht verwendet werden.[28] Resonanz(fähigkeit) läßt sich nicht von vornherein als „negativ“ oder „positiv“ kennzeichnen.

Eine Steigerung der Resonanzfähigkeit sozialer Systeme ist auch nicht mit „*Entdifferenzierung*“ zu verwechseln.[29] Die Kapazitätserweiterung der modernen Gesellschaft, die in der funktionalen Differenzierung liegt,[30] wird dadurch nicht „regressiv“ aufgehoben,[31] und der durch Ankoppelung gesellschaftlicher Kommunikation an systemspezifische Codes erreichte „Redundanzverzicht“[32] bleibt erhalten. Vielmehr ist wachsende Resonanz gerade umgekehrt das *Ergebnis* einer steigenden funktionalen Differenzierung:[33] Die Spezialisierung auf bestimmte Funktionen bringt es mit sich, daß Systeme für die Lösung von Aufgaben mit „Multifunktionsbezug“ von anderen Systemen abhängig werden,[34] so daß sich kein System „rücksichtslos“[35] gegenüber anderen verhalten kann. In der zu beobachtenden „wachsenden Verflechtung von Funktionsbereichen“[36] sind Systeme daher auf die Zunahme ihrer Resonanzfähigkeit angewiesen.[37]

Entdifferenzierung droht erst dann, wenn sich ein System nicht mehr an seinem eigenen Code, sondern unmittelbar an demjenigen eines anderen Systems orientiert und damit „gesellschaftlich diffus“[38] wird. Ein vergleichbares Stadium ist allerdings erreicht, wenn im Recht die Ankoppelung von Entscheidungen an den Code zwar erhalten bleibt, die Rechtskommunikation aber nicht mehr von den Vorgaben rechtlicher Programme gesteuert werden kann. Dies ist dort der Fall, wo Generalklauseln Pauschalverweisungen auf Programmstrukturen anderer Systeme enthalten, (z.B.: „Stand von Wissenschaft und Technik“ in § 7 Abs.2 Nr.3 Atomgesetz bzw. „Stand der Technik“ in § 5 Nr.2 Bundes-Immissionsschutzgesetz und „allgemein anerkannte Regeln der Technik“ in §§ 7a, 18b Wasserhaushaltsgesetz).[39] Der rechtliche Diskurs wird hier durch

---

[28] Vgl. auch Bühl 1988, S. 41 (ff.); 25ff.

[29] So aber Berger 1986, S. 93ff. Vgl. dazu jetzt auch Teubner 1987b, S. 438ff.

[30] Offe 1986, S. 101: Funktionale Differenzierung „bringt es mit sich, daß (im Gegensatz zu Fall der ‚segmentären‘ Differenzierung) im Prinzip *alle* Akteure an *allen* Subsystemen mit ihren spezialisierten Kommunikationsweisen teilhaben oder jedenfalls teilhaben können (‚Inklusion‘).“

[31] Ebd. S. 103

[32] Luhmann 1986g, S. 97 (ff.)

[33] Ebd. S. 99f.

[34] Ebd. S. 100

[35] Offe 1986, S. 102

[36] Berger 1986, S. 93

[37] Vgl. auch zur phylogenetischen Entwicklung des Gehirns Roth 1987b, S. 408ff., 418 (:„Kontextabhängigkeit“)

[38] Teubner 1987b, S. 442

[39] Vgl. Wolf 1987, S. 365ff.

einen naturwissenschaftlich-technischen Diskurs ersetzt, da die kognitive Kompetenz des Rechts überfordert scheint.[40] Daß das *Ergebnis* dieses Diskurses wiederum an den Rechtscode angeschlossen wird (z.B. als Rechtmäßigkeit einer atomrechtlichen Genehmigung), ändert nichts an der unmittelbar entscheidungsleitenden Funktion der Programmstrukturen externer sozialer Systeme.[41] Sofern es dem Recht nicht gelingt, den naturwissenschaftlich-technischen Diskurs in eigene Programme zu reintegrieren (zumindest im Sinne einer normativen „Letztentscheidung"[42]), bleibt als Begrenzung des drohenden Autonomieverlusts des Rechts nur die Möglichkeit, die Vorläufigkeit und damit Reversibilität derartiger Entscheidungen zu betonen.[43]

Soweit das Recht in der Lage ist, durch die Erhöhung seiner kognitiven Kapazität die durch „Umweltsignale" erzeugten „Schwingungen" intern zu bearbeiten, kann es die (durch die abstraktere Fassung des Codes) gesteigerte Resonanzfähigkeit für seine Aufgabe nutzen, eine normative „Metakommunikation" zu institutionalisieren. Die Chancen einer solchen „Metakommunikation" wachsen in dem Maße an, in dem andere soziale Systeme ihrerseits für rechtliche „Geräusche" sensibilisiert werden.

Die Steigerung der Resonanzfähigkeit sozialer Systeme bezieht sich nicht nur auf andere *soziale* Systeme, sondern auch auf die *nichtsoziale* gesellschaftliche „Umwelt" und ist aufgrund drängender „ökologischer" Probleme diesbezüglich gleichermaßen notwendig wie hinsichtlich innergesellschaftlicher Verflechtungen. Wenn sich die Resonanz von Funktionssystemen auf Umweltveränderungen bislang als „Ausnahmefall" darstellte[44] (so daß „die Gesellschaft angesichts ökologischer Gefährdungen *zu wenig Resonanz*" aufbrachte[45]), lag dies in bestehenden traditionellen Programmierungen und in der ungenügenden Abstraktionshöhe systemischer Codes begründet. Keineswegs kann daraus aber der Schluß gezogen werden, daß es die „Filter" der Codierung und Programmierung *als solche* sind, die soziale Systeme gegenüber ökologischen Fragestellungen „abschotten".[46] Für das Recht wurde oben dargelegt, wie sich die Veränderung *sozialer* Faktoren bereits im Funktionswandel von Normativität niedergeschlagen hat. Die Umstellung der Selbstbeschreibung auf Selbstreferentialität (Rechte müssen nicht mehr auf Subjekte bezogen werden) zusammen mit

[40] Vgl. ebd., S. 370ff.

[41] Vgl. Teubner 1987b, S. 442; Wolf 1987, S. 365 (: „Herrschaft kraft Ingenieurwissen")

[42] Wolf 1987, S. 376f. nennt hierfür als Beispiel die „Akzeptanz" von Risiken: Während die mathematische Risikobewertung inkommensurable soziale Problemfelder miteinander vergleiche, sei gesellschaftlich-normativ „geradezu die Negation der Vergleichbarkeit von unterschiedlichen sozialen Umweltbeeinträchtigungen" (S.376) erforderlich; selbst die verschiedenen Risiken einer einzelnen Technologie seien unter dieser Perspektive inkommensurabel (ebd.).

[43] Vgl. oben Kap.3, II.4.b) und unten III. Vgl. auch Wolf 1987, S. 386ff.

[44] Luhmann 1986g, S. 219

[45] Ebd. S. 220

[46] So aber Luhmann, ebd.

der Verzeitlichung des Entparadoxierungsmechanismus (Auswirkungen von Recht lassen sich nicht mehr ausblenden) *ermöglicht und erfordert* aber zugleich die Abbildung *ökologischer* „Umweltgeräusche“ in rechtlichen Programmierungen.[47]

III. Maßstäbe „zweiter Ordnung“: Rechtsdogmatik, Foren und Verfahren

Neue theoretische Einsichten können nur über die Resonanzfähigkeit des Rechtssystems in die Rechtspraxis einfließen, nicht über eine direkte und zielgerichtete „Umsetzung“ von Theorie in Praxis. Programmierungen bilden sich im selbstreferentiellen Reproduktionsprozeß des Rechts, so daß allein die Frage nach der Möglichkeit einer „Programmierung von Programmierungen“ verbleibt.Diese Verlagerung auf eine „Metaebene“ kann allerdings ebenfalls kein Versuch sein, sich mit Hilfe von Externalisierungen am „eigenen Schopfe aus dem Sumpf“ ziehen zu wollen. Alle Vorschläge für Maßstäbe „zweiter Ordnung“ lassen sich zwar unter Zugrundelegung unserer theoretischen Annahmen plausibilisieren, müssen aber erst in die Praxis der Selbstreproduktion eingehen, um diese zu verändern. Gestützt werden soll der nachfolgende (zusammenfassende und fragmentarische) Konstruktionsversuch — wie dies schon an anderen Stellen dieser Arbeit geschah — durch den Hinweis auf beobachtbare empirische Entwicklungen, die die These einer bereits in Gang befindlichen evolutionären Umstrukturierung des Rechts bestätigen.

1. Recht als „Produktionsbegriff“

Nach Aufgabe des Modells der „*Anwendung*“ von Normen auf Sachverhalte kehrt sich die Rechtsdogmatik unter dem Einfluß des Paradigmas der rekursiven Geschlossenheit auch von der Vorstellung der methodisch angeleiteten/kontrollierbaren „*Interpretation*“ von vorgegebenen Gesetzestexten ab. In den Mittelpunkt von Selbstbeschreibungen rückt damit die *Produktion* von Recht als solche,[48] für die eine moderne Dogmatik Metaprogramme zur „Recht-Fertigung“[49] von „Anschlußfähigkeiten“ entwickeln muß (als funktionales Äquivalent für die „zutreffende Auslegung“ von Texten). Möglich ist die Herstellung derartiger dogmatischer Programme nur in rechtlicher Selbstreferenz, so daß sich der Begründungsrekurs auf „Naturrecht“ und andere Externalisierungen verbietet.

„Recht-Fertigung“ hat dabei immer die doppelte Implikation von „Produktion“ und „Legitimation“ durch gute Gründe *und* den Doppelbezug auf das Rechtssystem und andere (soziale und psychische) Systeme. Die Anforderungen an „Recht-Fertigung“ im Sinne von „Legitimation“ *erhöhen* sich innerhalb des

---

[47] Dazu auch Ladeur 1984b, S. 23ff.

[48] So schon Kelsen 1934, S. 63ff. (: Recht als „Erzeugungszusammenhang“)

[49] Wiethölter oben Kap.5 Fn.18)

Rechtssystems in dem Maße, in dem unter dem Vorzeichen einer hochabstrakten Codierung Programmierungen zunehmend als kontingent erfahren werden. Für das Vorziehen von „Optionen“/„Werten“ als Grundlage von Entscheidungen bedarf es deshalb eines immer größer werdenden Argumentationsaufwandes (jedenfalls dann, wenn auch bisher unexplizierte, in dogmatischen Kategorien geronnene Vor-Entscheidungen zur Disposition stehen). Im Verhältnis zu „Fremdsystemen“ ist mit wachsender Resonanz und Verflechtung von Funktionsbereichen ebenso eine steigende Legitimationsnotwendigkeit zu erwarten. Das Recht kann seine Befolgung anderen Systemen nicht mehr durch den schlichten Hinweis auf das anfänglich erfolgte „Inkraftsetzen“ durch seinen als „vernünftig“ ausgewiesenen „Autor“ (Gott, Natur, Gesetzgeber) nahelegen, sondern muß seinen Anspruch auf Ermöglichung und Begrenzung von „Optionen“ im Rahmen seiner prozeduralen Verwirklichung in partikularen, nur beschränkt generalisierbaren Interessenzusammenhängen plausibilisieren[50]. Die „Verstrickung“ von Beteiligten in „Verfahrensgeschichte(n)“[51] wird damit schwieriger.Hinsichtlich der „Produktionsprogramme“ wirkt sich der Abbau struktureller Entparadoxierungen dahingehend aus, daß ein *einheitlicher* dogmatischer Begriff der selbstreflexiv-prozeduralen rechtlichen Regelung entsteht: Normativität ist dann das jeweilige Prozedieren-von-Sinn-in-Bezug-auf-den-Code unter argumentativ zu rechtfertigenden Anschlußfähigkeits-Anforderungen. Die „reflexive“ Auflösung der Dichotomien von Allgemeinem und Besonderem, von Gesetzgebung und Gesetzesanwendung oder von „programmierendem und programmiertem Entscheiden“[52] führt dazu, daß prinzipiell auch die rechtlichen „Rahmenentscheidungen“ (die im Modell des bürgerlichen Rechts vom „allgemeinen Gesetz“ repräsentiert werden) kontinuierlich überprüft und revidiert werden können.[53] Das bedeutet natürlich nicht, daß sich Juristen über bestehende strukturell entparadoxierende Programmformen einschließlich „technischer“ Entsprechungen („Konditionalprogramm“) hinwegsetzen dürften oder sollten. Daß dies auch gar nicht notwendig ist, wird an der Tatsache deutlich, daß die „Umstellung“ der Rechtskategorie — wie oben aufgezeigt — bereits stattfindet, wenn auch zunächst „unterhalb“ der „Oberflächenstruktur“ der Programme. Dafür, es hierbei schon zu belassen, sprechen allein die bisherigen Erfahrungen mit „Politikversagen“;[54] „an sich“ müßte dagegen für die Entwicklung von „Foren und Verfahren“, die eine „stabile Dauerveränderung“[55] der Gesellschaft gewährleisten können, über den Sinn tradierter gesetzlicher Regelungsformen nachgedacht werden.

---

[50] Auch wenn „Legitimation“ dabei nicht mehr als „Be-gründung, sondern nur noch als systematische *Nach*bildung“ verstanden werden kann (Ladeur 1986c, S. 4)

[51] Luhmann 1975, S. 43ff.

[52] So noch Luhmann 1981d, S. 134ff.

[53] Vgl. Willke 1983, S. 78

[54] Vgl. Wiethölter 1982c, S. 17 (= 1986c, S. 233)

[55] Wiethölter 1982c, S. 7 (= 1986c, S. 225); vgl. Ladeur 1984b, S. 19

Daß „unterhalb“ der Textstrukturen die „allgemeine Gleichheit“ des Gesetzes sich auch in grundsätzlichen Modellbeschreibungen längst in eine „Logik des Besonderen“[56] transformiert hat, zeigt sich auf „höchster Ebene“ beispielhaft an der Verwandlung des Gleichheitsgrundsatzes aus Artikel 3 des Grundgesetzes in ein „Willkürverbot“.[57] Generalisiert man diesen Ansatz, handelt es sich um den Versuch, die — tautologische — Rechtsanwendungsgleichheit des bürgerlichen Rechts nach dem Wegfall des Subjekt-Modells zu rekonstruieren. Gleichheit ist nun nicht mehr vorgegeben, sondern durch *Vergleich* empirisch erst zu begründen. Im Rahmen der „Anwendung“ des Rechtscodes auf divergierende gesellschaftliche „Interessen“ geht es dann darum, „Recht“ durch die Formulierung von sozialer *„Verhältnismäßigkeit“* „abwägend“ zu bestimmen.[58]

Die gesellschaftliche „Verhältnismäßigkeit“ eines prozeduralisierten Rechts erweist sich damit als funktionales Äquivalent zur „Neutralität“ des strukturell entparadoxierten Rechts im liberalen Modell. Aus dieser Feststellung folgt zugleich, daß der durch die „Vergesellschaftung“ des Rechts bedingte Verzicht auf die Beschreibung des Gesetzes als eines „übergeordneten Dritten“ keine Aufforderung zur („willkürlichen“) „Parteinahme“ (als „Gegensatz“ zu „Neutralität“) impliziert, sondern seinerseits nur einen „gesellschaftsadäquaten Rechtsbegriff“ nachzeichnet, der notwendige Voraussetzung für die soziale Funktionsfähigkeit des Rechtssystems ist.[59]

Mit der (aufgrund dieser Entwicklung folgerichtigen) tendenziellen Ablösung von Konditionalprogrammen durch Generalklauseln („Zweckprogramme“) und dieser durch „Abwägungen“/„Verhältnismäßigkeits-Bestimmungen“ („Relationierungsprogramme“[60]) werden „Rahmenentscheidungen“ vom „allgemeinen Gesetz“ zwar noch *symbolisiert*, lassen sich ohne ihre Konkretisierung in Entscheidungsarbeit dort aber nicht mehr „wiederfinden“. Damit ist die — polarisierende — Fragestellung, ob für die Entwicklung des Rechts „allgemeine Gesetze“ *oder* „Einzelfallentscheidungen“ im Vordergrund stehen sollten, bereits entschärft: „Rahmenregelungen und Implementationen (fallen) zusammen“.[61] Die „Rahmenentscheidungen“ wandern in „Qualifikationstheorien“ für Verhältnismäßigkeits-Bestimmungen ein,[62] also in die „vorvermittelte allgemeine Entscheidung über Zu-Ordnungen von Sachverhalten an ein bestimmtes Recht im Wege der Anknüpfung, als Qualifikation der Rechts-Antworten auf Sozial-Fragen“.[63]

---

[56] Wiethölter 1985, S. 136

[57] Vgl. BVerfGE 1, S. 14ff.(52)

[58] Vgl. Wiethölter 1985, S. 134

[59] Vgl. auch Joerges 1987, S. 168, 170

[60] Vgl. Willke 1986. Für die gesetzliche Vertextung vgl. § 1 Abs.6 BauGB (= § 1 Abs.7 BBauG; § 1 Abs.4 S. 3 StBauFG)

[61] Wiethölter 1982c, S. 9 (= 1986c, S. 227)

[62] Wiethölter 1985, S. 139

[63] Ebd.

Wenn es um die Schaffung prozeduraler „Kollisionsregeln“[64] für die Strukturierung rechtlicher Foren und Verfahren geht, müssen daher auch derartige Qualifikationstheorien, hinter denen sich jeweils ein „komplettes gesellschaftstheoretisches Programm“ verbirgt,[65] zur Diskussion stehen. Der Topos „Kollisionsregeln“ formuliert allerdings wiederum eher eine Problembeschreibung, als daß dadurch ein Lösungsweg aufgezeigt wäre. Betroffen ist die Notwendigkeit einer Kompatibilisierung divergierender „Werte“/„Interessen“, die Entscheidung über den Vorrang von „Optionen“. Kollisionsprogramme sind aber *ihrerseits* auf „Werte“ angewiesen, die ihnen „zugrundeliegen“.[66] Selbst wenn in prozeduralisierten Rechts-Produktionsverfahren auch noch über „Qualifikationstheorien“ verhandelt werden kann (oder über Qualifikationstheorien für Qualifikationstheorien...), behalten auf der letzten „Metaebene“ die *hierfür* maßgeblichen „Werte“ den Stellenwert eines „inviolate level“.[67] Nur so kann Selbstreferenz „unterbrochen“ und die Gefahr der Paradoxierung von Systemoperationen vermieden werden.

Hinzu kommt, daß auch eine rechtspolitisch wünschenswerte Ausarbeitung von Norm*texten,* die „kollisionsrechtliche Sätze“ („Rechtsgrundsätze“)[68] „beinhalten“, die Rekursivität rechtlicher Sinnproduktion, also die Geschlossenheit der prozeduralen Herstellung rechtlicher Programmierungen „unterhalb“ der Oberflächenstruktur von Texten, nicht durchbrechen kann.

Kollisionsregeln, die „eine Verträglichkeit unverträglicher (weil ungleichartiger oder ungleichzeitiger) Rechtsteilsysteme stiften sollen“,[69] sind ihrerseits nur als besondere (d.h. nicht verallgemeinerungsfähige) Normierungen in ungleichartigen und ungleichzeitigen, situativ-strategisch geprägten sozialen „Arenen“ denkbar.[70]

2. „Wirkungs-Perspektive“[71]

Wenn der Abbau struktureller Entparadoxierungen zur „Vergesellschaftung“ des Rechts als Produktions-Zusammenhang für soziale Verhältnismäßigkeiten führt, so hat die komplementäre Verzeitlichung der Normativität den Übergang

---

[64] Wiethölter 1982c, S. 1 (= 1986c, S. 222); ders. 1985, S. 135; Ladeur 1984b, S. 24

[65] Wiethölter 1985, S. 139. Vgl. hierzu die Analyse Wiethölters der Arbeitskampf-/Aussperrungsentscheidungen des BAG vom 10.6.1980 (BAGE 33, S. 140ff., 185ff. und 195ff.) in 1982c, S. 27ff. (= 1986c, S. 240ff.)

[66] „Werte werden in der Kommunikation gewissermaßen versteckt, während man die Kommunikation direkt auf etwas richtet, was Widerspruch finden könnte und noch zu verhandeln ist.“ Luhmann 1987c, S. 169

[67] Vgl. oben Kap.4.II.1.

[68] Wiethölter 1977b, S. 233

[69] Wiethölter 1982c, S. 25 (= 1986c, S. 239)

[70] Auch diese Paradoxie — wie alle anderen — muß als Voraussetzung für rechtliches Handeln dann wieder „invisibilisiert“ werden.

[71] Wiethölter 1985, S. 135f.

zu einer „Wirkungs-Perspektive“ zur Folge: Entscheidungsarbeit muß auf ihre eigene Leistung und auf „Vernetzungen von Auswirkungen“ bezogen werden.[72] Für die Herstellung von Wirkungsanalysen wird zum Kernproblem, *wer* unter der Voraussetzung unsicherer Einschätzungen der Gegenwart und einer ungewissen Zukunft verbindliche Bewertungen abgeben und Prognosen stellen darf — und mit welchen (dauerhaften) Konsequenzen. Die berücksichtigungsfähigen Wirkungen sind dabei — über den traditionellen Wirkungskreis des Rechtssubjekts hinaus — auch solche auf soziale *Solidaritäts*zusammenhänge[73] und nichtsoziale *ökologische* Kontexte.[74]

Rechtskategorial geht es um die Zuteilung von *Beurteilungs- und Prognose-Prärogativen (und von Irrtums*-Prärogativen).[75] Diese Problemstellung findet sich in neueren Entscheidungen des Bundesverfassungsgerichts wieder. Im „Mitbestimmungsurteil“[76] entschied das Gericht dahingehend, daß dem Gesetzgeber (und nicht: den Unternehmen oder den Gewerkschaften) sowohl die Prognose- als auch die Irrtumsprärogative zukomme: Der Gesetzgeber darf unter Berücksichtigung aller bisherigen Erfahrungen und gegenwärtiger Einsichten Neuregelungen treffen, kann aber zu einer Korrektur verpflichtet sein, wenn die reale zukünftige Entwicklung nicht mit der prognostizierten übereinstimmt.[77] Dabei lassen sich die Anforderungen an den „Input“ von Erfahrungswissen und Regelungssorgfalt sowie an die „Gewährleistung“ zukünftiger Wirkungen allerdings derart steigern, daß die Ausübung der Prärogative schwierig, wenn nicht unmöglich wird. Dieser Stand ist bei der „Boxberg“-Entscheidung[78] des Bundesverfassungsgerichts erreicht. Danach ist eine Enteignung zugunsten eines privaten Unternehmens nur zulässig, wenn der Gesetzgeber den Enteignungszweck (das „Wohl der Allgemeinheit“) so genau konkretisiert, „daß die Entscheidung über die Zulässigkeit der Enteignung insoweit nicht in die Hand der Verwaltung gegeben wird. Es bedarf darüber hinaus differenzierter materiell- und verfahrensrechtlicher Regelungen, die sicherstellen, daß den Grundsätzen der Verhältnismäßigkeit und der Gleichheit vor dem Gesetz im Interessendreieck Gemeinwohl-Enteigneter-Begünstigter im Einzelfall Rechnung getragen und insbesondere die Erforderlichkeit der Enteignung sorgfältig

---

[72] Ebd. S. 135

[73] Vgl. Wiethölter 1986b, S. 29; Ladeur 1984b, S. 23f.

[74] Vgl. Ladeur ebd. — Demgegenüber bleiben Versuche, einen Einbezug nichtsozialer „Umwelt“ in das Recht durch die Konstruktion „subjektiver Rechte für die Natur“ zu erreichen, theoretisch anachronistisch und praktisch folgenlos, wenn auch in ihrer Absicht sympathisch. Vgl. Bosselmann 1985 und insbesondere 1986 und dazu Keller/Uebersohn 1986 (:„Das Gegenteil von gut ist gut gemeint“; Uebersohn S. 342).

[75] Wiethölter 1982c, S. 22f. (= 1986c, S. 237)

[76] BVerfGE 50, S. 290ff. Wir folgen hierbei der Interpretation Wiethölters in 1982b und 1982c (1986c)

[77] Wiethölter 1982c, S. 23 (= 1986c, S. 237). Zum „derzeitigen Erkenntnis- und Erfahrungsstand“ vgl. auch BVerfG E 65, S. 1ff. (51) („Volkszählungsgesetz 1983“)

[78] BVerfG NJW 1987, S. 1251ff. (= BVerfGE 74, S. 264ff.)

geprüft wird.“ Der „Gemeinwohlbezug der werbenden Tätigkeit des Unternehmens“ muß schließlich durch „rechtliche Bindung des begünstigten Privaten“ „auf Dauer garantiert“ sein.[79] An allen Voraussetzungen (spätestens an der letzten) dürfte ein Enteignungsgesetz (zumindest: politisch) scheitern.

Für die Ausübung von Prärogativen (wenn sie ernsthaft zugestanden und nicht nur postuliert werden sollen) muß es ausgeschlossen sein, daß die Temporalisierung „zu weit“ geht. Weder die „Zukunft“ noch die „Vergangenheit“ darf den „Primat über die Bestimmung der Gegenwart“ erlangen.[80] Ersteres hatten wir schon oben als — nicht mehr mögliche — Teleologisierung erkannt; beim letzteren handelte es sich um eine erneute „Historisierung“ des Rechts in konservativer Absicht, die ebenfalls im Widerspruch zur rekursiv-geschlossenen Reproduktion des Rechtssystems stünde.[81]

Neben dem Problem der Anforderungen an die Ausübung von Prärogativen stellt sich auch die Frage nach dem ausübenden „Subjekt“ vielschichtiger, als es die Alternative „Prognoseprärogative des Gesetzgebers (oder: Richters) oder anderer staatlich-gesellschaftlicher Kräfte“ zunächst suggeriert. Da „der Gesetzgeber“ kein einheitliches (kausalitätssetzendes) „Subjekt“ ist, käme es dann (als „Wiedereintritt der Unterscheidung in das Unterschiedene“) wiederum darauf an, Beurteilungs- und Prognoseprärogativen für das Gesetzgebungsverfahren (als Durchsetzungschancen von Ministerialbürokratien, Bundestagsfraktionen, Verbändevertretern, Gutachtern usf.) zu bestimmen. Dasselbe gilt für alle anderen institutionellen Orte des Rechtssystems, sei es das gerichtliche oder das Verwaltungsverfahren, seien es rechtliche Abläufe innerhalb von Organisationen oder im Rahmen von Verhandlungsprozessen.

Damit wird rasch deutlich, daß es keine „Vorab-Vergabe“ von Prärogativen geben kann, die nicht wieder eine Hierarchisierung oder die fiktive Einnahme eines externen Standpunkts voraussetzte (von der empirischen Unmöglichkeit, entsprechende Programme zu formulieren, ganz abgesehen). Zwar ist es mangels absehbarer praktischer Alternativen notwendig, bestehende Hierarchisierungen beizubehalten (es *entscheidet* das Gericht, der Gesetzgeber...) oder durch modifizierte Versionen zu ersetzen, aber immer nur um den Preis des „internen“ Wiederaufscheinens der Paradoxie: Für den entscheidenden „System-Rollenträger“ „gibt“ es diese Hierarchie nicht, sondern nur Rekursivität, die argumentativ „entfaltet“ werden muß.

Wenn sich aus *richterlicher* Perspektive die Frage stellt, wie sich bei „Interaktionsversagen“ „objektive Vertragszwecke und Verhaltenspflichten“, bei „Marktversagen“ Marktverhaltensregeln (Aufklärungspflichten, professionelle Standards) und bei „Politikversagen“ Kriterien für die jeweilige „public policy“ „von Rechts wegen“ definieren lassen,[82] werden im Rahmen der

[79] BVerfG NJW 1987, S. 1253

[80] Luhmann 1987c, S. 167

[81] Zum Begriff der „Ideologie“ vgl. Luhmann ebd., S. 164ff.

[82] Teubner 1982, S. 53f.

Entscheidungsprärogative des Richters wiederum andere im „Systemgedächtnis“ gespeicherte Prärogativen (des Gesetzgebers, des „Unternehmers“[83]...) auf Programmebene aktualisiert und berücksichtigt.

3. Beteiligung und Betroffenheit

Neben den herkömmlichen Institutionen des Rechtssystems haben sich als rechtliche „Foren“ *„Organisationen“* und *„Abstimmungsgremien“* („Konzertierte Aktionen“ aller Art, Wissenschafts-, Bildungs- und Sachverständigenräte[84]) herausgebildet, die als Instanzen „dezentraler Makrosteuerung“ zu einer „Vernetzung“ von „Interessen“ und somit zum Gelingen von komplexen öffentlich-privaten Planungsprozessen beitragen.[85]

Der Ausbau vorhandener und die Schaffung weiterer derartiger „Foren“ zur Herstellung sozialer „Verhältnismäßigkeiten“ läge aufgrund unserer bisherigen Analyse der „Vergesellschaftung“ des Rechts nahe. Zum Hauptproblem wird hierbei allerdings, eine dem Stand der „subjektlosen“ Rekursivität entsprechende Organisationsform zu gewährleisten. Unter den heutigen *„neokorporatistischen“* Vorzeichen sind es die durch „sekundäre Modellierungen“[86] des Rechtssubjekts entstandenen „Gruppen-Subjekte“ oder „Organisations-Subjekte“, die Beteiligungen oktroyieren und die Inklusion von Menschen in Sozialsysteme dadurch „mediatisieren“.[87] Der „neokorporatistische“ Versuch bleibt damit dem Paradigma des Rechtssubjekts verhaftet, indem er dieses unter den Bedingungen oligopolistischer Märkte als Organisations-Subjekt rekonstruiert. Durch die Neudefinition von Freiheit und Gleichheit als „Gruppenautonomie“/„Organisationsautonomie“ und „Parität“ kann weiterhin an einem marktanalogen Bezugsrahmen für gesellschaftliches Handeln festgehalten werden.[88] Die „Fortsetzung des linearen Gleichgewichtsmodells mit anderen (kollektiven) Mitteln der Verteilung von Ressourcen“[89] bedingt zugleich die „Übersetzung“ der „Stabilitäts-Logik“ in interne Organisationsverfassungen.[90] — Im Ergebnis führt die Absicht, alle „gesellschaftlich relevanten Kräfte“ im Rahmen von Gremien und Organisationen zu berücksichtigen, dann dazu, daß „sich die ‚relevanten‘ Insider auf Kosten des Restes der Gesellschaft vermittels politischer Konzertierung verständigen“.[91]

---

[83] Zum letzteren vgl. Wiethölter 1986b, S. 27f.

[84] Vgl. Willke 1983, S. 125ff. mit Beispielen aus dem nationalen und internationalen Bereich

[85] Ebd. S. 56; Vgl. Offe 1984; Wiethölter 1986b, S. 29

[86] Ladeur 1986a, S. 62ff.

[87] Vgl. Offe 1984

88) Ladeur 1986a, S. 62ff. Es handelt sich also um einen („erfolgreichen“) Ansatz zur *„Rekontextualisierung“* der Rechtssubjektivität unter Anknüpfung an die ursprünglichen „liberalen“ Prämissen.

[89] Ladeur 1985, S. 421

[90] Vgl. Wiethölter 1982c, S. 35 (= 1986c, S. 246)

Demgegenüber wird es einem prozeduralisierten Recht unter dem Paradigma der „subjektlosen“ Selbstreferenz prinzipiell möglich, noch derartige „Mediatisierungen“ radikal zu „verflüssigen“.[92] Da „Recht“ nicht mehr als Emanation „subjektiver Rechte“ zu verstehen ist, können rechtliche *Zuweisungen*, also die Inklusion von Menschen in soziale System, direkt thematisiert werden. Übersetzt in rechtskategoriale Arbeit heißt dies, daß *„Beteiligungen“* und *„Betroffenheiten“* von Menschen erst noch zu bestimmen sind.[93]

Einer der Kernpunkte der Diskussion über die Ausgestaltung von Beteiligungen ist der Grad ihrer „Unmittelbarkeit“ oder ihrer „Vermittlung“. Im Rahmen der Beteiligung an Verfahren lautet die Frage dann, inwieweit *„Stellvertretung“* bzw. *„Treuhandschaft“* stattfinden muß[94] und in welchem Maße „direkte“ Beteiligung von „Betroffenen“ gewährleistet werden kann. In Bezug auf Gerichts- und Verwaltungsverfahren ist der bisherige Hauptdiskussionsort hierfür die *Klagebefugnis*.[95] Während insbesondere im öffentlichen Recht eine „Popularklage“ auch in Bereichen „popularer Betroffenheit“ (Bau von Atomkraftwerken oder Startbahnen,[96] Umweltverseuchung durch Chemikalien, Raubbau an natürlichen Ressourcen usw.) durch die Schleuse des „unmittelbaren Betroffenseins in eigenen Rechten“ (Art.19 Abs.4 GG, § 42 Abs.2 VwGO) verhindert wird,[97] setzt sich andererseits hier wie auch im Zivil-(Wirtschafts-) Recht zunehmend der Gedanke einer „stellvertretenden“ Wahrnehmung von „Interessen“ durch *Verbände* (Verbandsklagen) durch.[98]

„Zwingend“ sind solche „Treuhandschaften“ (gleich durch welchen „Treuhänder“) nur dort, wo „Interessen“ vom „betroffenen“ System nicht *artikuliert* werden können („Natur“)[99]: rechtliche Kommunikation bleibt auf Gesellschaft begrenzt. Hinsichtlich *„ökologischer“* Problemlagen ist das Recht also auf eine interne „Abbildbarkeit“ aufgrund „Resonanz“ verwiesen.[100] Dies sagt aber über die Art und Weise der Ausgestaltung rechtlicher Beteiligungen noch nichts aus.

---

[91] Maus 1986a, S. 295

[92] Ladeur 1984a, S. 215f.

[93] Wiethölter 1982c, S. 37 (= 1986c, S. 248)

[94] Vgl. Bosselmann 1986, S. 3ff.

[95] Damit soll nicht behauptet werden, die Diskussion hätte bislang bereits unter den hier eingeführten Prämissen *stattgefunden*.

[96] Vgl. dazu Ladeur 1984a, S. 41ff.

[97] Wolf 1987, S. 391 weist zutreffend darauf hin, daß „der Widerstand eines Nachbarn gegen eine behördliche Genehmigung einer technischen Anlage ... vielfach nur noch eine prozessuale Fiktion (ist), die von der durch den Individualrechtsschutz abgesteckten Arena des Verwaltungsprozeßrechts erzwungen wird“.

[98] Vgl. § 39 BNatSchG; §§ 35, 36 Hess.NatSchG; § 13 Abs.2 Nr.2 und 3 UWG; § 13 Abs.2 Nr.1 und 2 AGBG

[99] Vgl. Bosselmann 1986

[100] Dies bleibt der zu teilende Kern des Luhmannschen Pessimismus (1986g) — unbeschadet der bereits oben im Abschnitt „Resonanz“ hierzu geäußerten Kritik.

Mit der Abkehr vom Paradigma der „subjektiven Rechte“ verliert das Verbot der Popularklage seine Sperrwirkung. „Betroffenheiten“ können prinzipiell auch „nicht-individualrechtlich“ bestimmt werden und an jedem „Ort“ des Rechtssystems zur Geltung kommen. Eine Neubestimmung von „Beteiligung aufgrund Betroffenheit“ müßte die je nach Konfliktfeld *unterschiedlichen* „Betroffenheiten“ berücksichtigen. So dürfte es etwa für Emissionen technischer Anlagen unstreitig sein, daß Gefahren nicht nur einzelnen Nachbarn drohen, sondern „anonyme und nur sozialstatistisch faßbare Risikogruppen“[101] sowie Natur als gesellschaftliche „Umwelt“ gefährdet sind. „Betroffenheit“ wird dadurch zwar verallgemeinert, aber in einem Maße unspezifisch,[102] daß eine Zuweisung von Klagepositionen an beliebige Individuen „zufällig“ erschiene. Eine „Bündelung“ rechtlicher Artikulationsbefugnisse in Organisationen „stellvertretender“/„treuhänderischer“ „Interessen“wahrnehmung liegt daher nahe. Die „Mediatisierung“ von „Interessen“ durch Klage-Verbände/Verbandsklagen bleibt jedoch letztlich dem „neokorporatistischen“ Modell der Gruppen-Subjektivität verhaftet.

Solange für derartige Treuhands-Subjekte noch keine funktionalen Äquivalente in Sicht sind, verlagert sich der Schwerpunkt der Evolutionsdebatte auf die Herstellung von Verbands*verfassungen* (und von Organisationsverfassungen für korporatistische Wirtschafts-Organisations-Subjekte), die es ermöglichen, „Betroffenheiten“ adäquat zu „internalisieren“ und sie in Verpflichtungen der Verbandsmitglieder umzusetzen.[103] Das Ergebnis ist der „corporate actor“, also „das auf seine gesellschaftliche Funktion ausgerichtete autonome Handlungssystem“[104], die Organisation „an sich“.[105]

Durch die „Konzertierung“ rechtlicher Kommunikation in Organisationssubjekten ist immerhin bereits eine Entkoppelung von Rechts*folgen* vom Bezug auf individuelle verfahrensbeteiligte Subjekte („Parteien“) erreicht. Die „Interessenbündelung“ korrespondiert mit einer Generalisierung der Rechtsfolgen; ein Aspekt, der in seiner sozialregulativen Wirkung die fehlende Universalität eines allgemeinen Gesetzes bereichsspezifisch kompensieren kann.

4. Einzelne Vorschläge

Für eine „Simulation fiktiver Märkte gesellschaftlicher Interessen“[106] im Rahmen von „Verhandlungssystemen“ jenseits korporativer Gruppen-Subjekte („Planersatzmärkte“) können nur (strategische) Vorschläge (in diesem Sinne:

---

[101] Wolf 1987, S. 389

[102] Ebd. S. 390

[103] Vgl. Offe 1984, S. 242ff.; Teubner 1982, S. 47ff.

[104] Teubner 1985c, S. 472

[105] Vgl. insgesamt Teubner 1983b; ders. 1985c; ders. 1987c

[106] Maus 1986a, S. 294 (dort: der „fiktiver Markt“ im Verwaltungsverfahren als Kennzeichnung der Konzeption Ladeurs); vgl. Teubner 1982, S. 51ff. (53f.)

„Marktersatzpläne“[107]) formuliert werden, die im Rechtssystem auf ihre Anschlußfähigkeit zu „testen“ sind.

Als rechtspolitische Forderungen für die Ausgestaltung von Verfahren lassen sich dann etwa ein „zwingender“ Rahmen von Verfahrensrecht, verbunden mit der Stärkung von „unterprivilegierten Verhandlungspositionen“ nennen.[108]

Für den Umgang mit Fremdsystemreferenzen ergibt sich die Maxime der „Mäßigung“[109] im Sinne einer rechtlichen „Selbstbeschränkung“.[110] Eine „delegierte Ermächtigung, das freiheitliche Handeln selbst zu bestimmen“,[111] ließe sich durch den Einbau von „Trennwänden“[112] zwischen sozialen Systemen, z.B. durch die Schaffung „lokaler Autonomie- und Vetorechte“[113], ermöglichen und absichern. Komplementär hierzu müßten Rechtspflichten zur „wechselseitige(n) Abstimmung“ und zur „reziproken Rücksichtnahme“[114] formuliert werden, die den erreichten Grad von Resonanzfähigkeit und Interpenetrationsbeziehungen berücksichtigen und „kanalisieren“: Aus der „abwägenden“ Relationierung von Systemoperationen folgt dann, daß nicht alle in der „Eigenlogik“ eines Systems liegenden Optionen gesellschaftlich möglich sind.[115]

Das Recht kann derartige Abstimmungsprozeduren durch Verfahrensregelungen begleiten und ihre Ergebnisse einer„Vertretbarkeits-Kontrolle“[116] unterziehen. Neben den Geboten der „Selbstbeschränkung“ und der „Rücksichtnahme“ in der Sozialdimension wären hierfür als Ausfluß der „Wirkungs-Perspektive“ die Grundsätze einer „Prämie auf zeitliche Überschaubarkeit und Reversibilität“ (: in Entscheidungssituationen wird „methodisch ein (...) Bonus für diejenige Alternative eingerechnet, deren potentiell problematische Auswirkungen weniger weit in die Zukunft hineinreichen“)[117] und einer Suspension des Zeitdrucks für grundsätzliche Entscheidungen („etwa durch Einschaltung von Moratorien oder Iterationen“)[118] naheliegend. Darüber hinaus könnten sozial riskante Festlegungen unter den Vorbehalt einer permanenten Überprüfung gestellt werden, was unter der Voraussetzung neuer Erkenntnisse oder gewandelter Akzeptanzen die Neueröffnung der rechtlichen „Vertretbarkeits-Kontrolle“ (zumindest im Sinne eines „Nachbesserns“[119]) zur Folge hätte.

---

[107] Beide „Wortspiele“ von Wiethölter (mündlich)

[108] Maus 1986a, S. 293

[109] Offe 1984, S. 241

[110] Offe 1986, S. 102f.; vgl. Teubner 1982, S. 48

[111] Wiethölter 1985, S. 134

[112] Offe 1986, S. 114

[113] Ebd. S. 115; vgl. Ladeur 1984b, S. 22

[114] Offe 1984, S. 242; vgl. ders. 1986, S. 101f.

[115] Offe 1986, S. 102

[116] Vgl. oben Kap.3.II.4.b)

[117] Offe 1986, S. 115

[118] Ebd.

Eine weitere Chance rechtlicher Einflußnahme auf Sozialgestaltung besteht im Angebot von „Ordnungsoptionen“, also im Entwurf von „Ordnungsleistungen ..., von denen die Beteiligten Gebrauch machen können oder nicht“.[120] Teubner[121] nennt diesbezüglich drei Varianten: Zum einen, „Ordnungsoptionen anzubieten, zugleich aber die allgemeine Regulierung zu treffen, daß eine der Optionen gewählt werden muß (Beispiel: Vorgeschlagene Richtlinie der EG über Mitbestimmungsmodelle in Europa). Eine zweite Möglichkeit ist die Verbindung mit attraktiven Berechtigungen, also etwa das Koppeln von Verbandsprivilegien mit gleichzeitiger Regulierung ihrer internen Ordnung. Beides kann nur zusammen akzeptiert werden. Oder Haftungsbeschränkung nur bei der Akzeptierung bestimmter Gesellschaftsformen und Gesellschaftsstrukturen. Eine dritte Möglichkeit ist die Koppelung von Steuerungsimpulsen, die verschiedenen Systemlogiken zugehören, etwa die Verbindung von ökonomischen Anreizen mit juristischen Regulierungen (Beispiel: Gewährung von Subventionen unter rechtlichen Auflagen).“

Um es zu wiederholen und damit zu schließen: Über die Verwirklichung(s-Wahrscheinlichkeiten) solcher Vorschläge (sofern sie über schon Bestehendes hinausgehen) läßt sich rechtstheoretisch „vorab“ nichts aussagen. Für die Selbstreferenz des Juristen gilt die Erkenntnis, daß sich die Evolution des Rechtssystems beobachten läßt, aber „Handlung ist allemal schneller als Beobachtung“[122] — „Alteuropäisch“(?) gewendet: „Gesellschaft und Geschichte lassen sich nur dadurch ‚entdecken‘, daß man ‚handelt‘, oder kürzer: sie sind nicht irgendwo gegeben, sondern aufgegeben“.[123]

---

[119] Vgl. Wolf 1987, S. 387

[120] Teubner 1985b, S. 44ff.; vgl. Luhmann 1985b, S. 11; Ladeur 1983, S. 471 (: „strukturierte Optionen“)

[121] 1985b, S. 46

[122] Luhmann 1984a, S. 469

[123] Wiethölter 1982c, S. 31 (= 1986c, S. 244)

Literaturverzeichnis

Adorno, Theodor W., Negative Dialektik. Frankfurt a.M. 1975

Alexy, Robert, Theorie der juristischen Argumentation. Die Theorie des rationalen Diskurses als Theorie der juristischen Begründung. Frankfurt a.M. 1978

— Theorie der Grundrechte. (Studien und Materialien zur Verfassungsgerichtsbarkeit, Bd.28), Baden-Baden 1985

Assmann, Heinz-Dieter, Wirtschaftsrecht in der Mixed Economy. Auf der Suche nach einem Sozialmodell für das Wirtschaftsrecht. Königstein/Ts. 1980

Baecker, Dirk, „Explosivstoff Selbstreferenz". Eine Paraphrase zu Niklas Luhmann, Soziale Systeme: Grundriß einer allgemeinen Theorie. In: ARSP 1986, S. 246ff.

— u.a. (Hg.), Theorie als Passion. Niklas Luhmann zum 60.Geburtstag. Frankfurt a.M. 1987 *[zit.: Festschrift (FS) Luhmann]*

Benseler, Frank, *Hejl*, Peter M. und *Köck*, Wolfram K., Autopoiesis, Communication, and Society. The Theory of Autopoietic Systems in the Social Sciences. Frankfurt a.M./New York 1980

Berger, Johannes (Hg.), Die Moderne — Kontinuitäten und Zäsuren. Soziale Welt, Sonderband 4, Göttingen 1986

— Gibt es ein nachmodernes Gesellschaftsstadium? Marxismus und Modernisierungstheorie im Widerstreit. In: Berger 1986, S. 79ff.

— Autopoiese: Wie „systemisch" ist die Theorie sozialer Systeme? In: Haferkamp/Schmid 1987, S. 129ff.

Blanke, Thomas, Recht, System und Moral — Vorüberlegungen zu einer ökologischen Verfassungstheorie. In: Hans-Ernst Böttcher (Hg.), Recht Justiz Kritik. Festschrift für Richard Schmid zum 85.Geburtstag. Baden-Baden 1985, S. 395ff.

— Autonomie und Demokratie. Die Krise der Integrationskraft des Rechts und die Wiederbelebung der Demokratiedebatte. In: KJ 1986, S. 406ff.

Blecher, Michael, Einheit und Vielheit. Selbstreferenz und „paradoxe Einheitsbeziehung" in sozialen und psychischen Systemen. MS, Florenz 1988

Böhme, Hartmut und *Böhme*, Gernot, Das Andere der Vernunft. Zur Entwicklung von Rationalitätsstrukturen am Beispiel Kants. Frankfurt a.M. 1983

Bohrer, Karl Heinz (Hg.), Mythos und Moderne. Begriff und Bild einer Rekonstruktion.Frankfurt a.M. 1983

Bosselmann, Klaus, Wendezeit im Umweltrecht. Von der Verrechtlichung der Ökologie zur Ökologisierung des Rechts. In: KJ 1985, S. 1ff.

— Eigene Recht für die Natur? Ansätze einer ökologischen Rechtsauffassung. In: KJ 1986, S. 345ff.

Breuer, Stefan, Die Krise der Revolutionstheorie. Negative Vergesellschaftung und Arbeitsmetaphysik bei Herbert Marcuse. Frankfurt a.M. 1977 *(1977a)*

— Politik und Recht im Prozeß der Rationalisierung. In: Leviathan 1977, S. 53ff. *(1977b)*

— Subjektivität und Maschinisierung. Zur wachsenden organischen Zusammensetzung des Menschen. In Leviathan 1978, S. 87ff.

— Die Antiquiertheit des Leviathan. Replik auf Horn, Koch, Narr. In: Leviathan 1979, S. 265ff.

— Die Depotenzierung der Kritischen Theorie. Über Jürgen Habermas' „Theorie des kommunikativen Handelns". In: Leviathan 1982, S. 132ff.

— Sozialgeschichte des Naturrechts. (Beiträge zur sozialwissenschaftlichen Forschung, Bd.42). Opladen 1983

— Ist Umweltzerstörung überhaupt vermeidbar? Niklas Luhmann über „Ökologische Kommunikation". In: Merkur 1986, S. 681ff.

— Adorno, Luhmann. Konvergenzen und Divergenzen von Kritischer Theorie und Systemtheorie. In: Leviathan 1987, S. 91ff.

Brüggemeier, Gert, Entwicklung des Rechts im organisierten Kapitalismus. Materialien zum Wirtschaftsrecht. Bd.1, Frankfurt a.M. 1977/Bd.2, Frankfurt a.M.1979

Bubner, Rüdiger, Handlung, Sprache und Vernunft. Grundbegriffe praktischer Philosophie. Frankfurt a.M. 1976

— Rationalität als Lebensform. Zu Jürgen Habermas' „Theorie des kommunikativen Handelns". In: Merkur 1982, S. 341ff.

Bühl, Walter L., Die dunkle Seite der Soziologie. Zum Problem gesellschaftlicher Fluktuationen. In: Soziale Welt 1988, S. 18ff.

Cerutti, Furio, Habermas und Marx. In: Leviathan 1983, S. 352ff.

Daintith, Terence, and *Teubner,* Gunther (Edts.), Contract and Organisation. Legal Analysis in the Light of Economic and Social Theory. Berlin, New York 1986

Deggau, Hans-Georg, Identität, Reflexion und Steuerung des Rechtssystems. EUI: Conference Materials „Autopoiesis in Law and Society", Florenz 1985 *(1985a)*

— The Communicative Autonomy of the Legal System. In: Teubner 1988a, S. 128ff. *(1988)*

[deutsche Fassung: Die kommunikative Autonomie des Rechtssystems. EUI: Conference Materials „Autopoiesis in Law and Society", Florenz 1985 *(1985b)*]

Dimmel, Nikolaus, Ein Eder'scher Weltgeist? In: ZfRSoz 1986, S. 274ff.

Dubiel, Helmut, Autonomie und Anomie. Zum Streit über den nachliberalen Sozialcharakter. In: Berger 1986, S. 263ff.

Dupuy, Jean-Pierre, L'autonomie du social. De la contribution de la pensée systématique à la théorie de la société. MS, Florenz 1986

— On the Supposed Closure of Normative Systems. In: Teubner 1988a, S. 51ff. *(1988)*

Eder, Klaus, Prozedurale Rationalität. Moderne Rechtsentwicklung jenseits von formaler Rationalisierung, In: ZfRSoz 1986, S. 1ff.

— Soziale Bewegung und kulturelle Evolution. Überlegungen zur Rolle der neuen sozialen Bewegungen in der kulturellen Evolution der Moderne. In: Berger 1986, S. 335ff.

Eigen, Manfred, and *Schuster*, Peter, The Hypercycle. A Principle of Natural Self-Organization. Berlin, Heidelberg, New York 1979

Eigen, Manfred und *Winkler*, Ruthild, Das Spiel. Naturgesetze steuern den Zufall. München/Zürich 1975

Engisch, Karl, Einführung in das juristische Denken. 5.Auflage, Stuttgart etc. 1971

Erd, Rainer, Ausssperrung — Eine Institution des Wettbewerbsrechts? — Zur neuen Arbeitskampfrechtsprechung des Bundesarbeitsgerichts. In: KJ 1980, S. 373ff.

Erdheim, Mario, Die gesellschaftliche Produktion von Unbewußtheit. Eine Einführung in den ethnopsychoanalytischen Prozeß. Frankfurt a.M. 1984

Esser, Josef, Grundsatz und Norm in der richterlichen Fortbildung des Privatrechts. 2., unveränderte Aufl., Tübingen 1964

— Vorverständnis und Methodenwahl in der Rechtsfindung. Frankfurt a.M. 1970

Feyerabend, Paul, Wider den Methodenzwang. Skizze einer anarchistischen Erkenntnistheorie. Frankfurt a.M. 1976

Fikentscher, Wolfgang, Methoden des Rechts in vergleichender Darstellung. Bd.I — V, Tübingen 1975ff.

Flickinger, Hans Georg, Neben der Macht. Begriff und Krise des bürgerlichen Rechts. Frankfurt a.M. 1980

von Foerster, Heinz, Sicht und Einsicht. Versuche zu einer operativen Erkenntnistheorie. Braunschweig/Wiesbaden 1985

— Erkenntnistheorien und Selbstorganisation. In: S. Schmidt 1987, S. 133ff.

Gessner, Volkmar und *Winter*, Gerd (Hg.), Rechtsformen der Verflechtung von Staat und Wirtschaft. Jahrbuch für Rechtssoziologie und Rechtstheorie Bd.8. Opladen 1982

Ghose, Amitabha, Cybernetics of Second Order — Some Problems. In: Benseler u.a. 1980, S. 197ff.

Gierke, Otto, Die soziale Aufgabe des Privatrechts. Vortrag gehalten am 5.April 1889 in der juristischen Gesellschaft zu Wien. Berlin 1889

von Glasersfeld, Ernst, The Concept of Equilibration in a Constructivist Theory of Knowledge. In: Benseler u.a. 1980, S. 75ff.

— Einführung in den radikalen Konstruktivismus. In: Watzlawick 1981, S. 16ff.

Günther, Gotthard, Beiträge zur Grundlegung einer operationsfähigen Dialektik, Bd. 1 — 3, Hamburg 1976 — 1980 *(zit.:I-III)*

Günther, Klaus, Materialisierung als Rekontextualisierung des Formalrechts. MS, Frankfurt a.M. 1984

— Dialektik der Aufklärung in der Idee der Freiheit. Zur Kritik des Freiheitsbegriffs bei Adorno. In: Zeitschrift für philosophische Forschung Bd. 39 *(1985)*, S. 229ff.

— Das Prinzip der Unparteilichkeit und die funktionale Bestimmtheit des Rechts. MS, Frankfurt a.M. 1986

— Der Sinn für Angemessenheit. Anwendungsdiskurse in Moral und Recht. Frankfurt a.M. 1988

Habermas, Jürgen, Strukturwandel der Öffentlichkeit. Untersuchungen zu einer Kategorie der bürgerlichen Gesellschaft. 5.Aufl., Neuwied und Berlin 1971

— Zur Rekonstruktion des Historischen Materialismus. Frankfurt a.M. 1976

— Theorie des kommunikativen Handelns. 2 Bände *(zit.: I/II)*, Frankfurt a.M. 1981

— Moralbewußtsein und kommunikatives Handeln. Frankfurt a.M. 1983 *(1983a)*

— Die Verschlingung von Mythos und Aufklärung. Bemerkungen zur Dialektik der Aufklärung — nach einer erneuten Lektüre. In: Bohrer 1983, S. 405ff. *(1983b)*

— „Juridification". MS, Florenz 1984 *(1984a)*

— Interactions between System and Life-world — exemplified by phenomena of juridification, MS 1984 *(1984b)*

— Der philosophische Diskurs der Moderne. Zwölf Vorlesungen. Frankfurt a.M. 1985 *(1985a)*

— Rückkehr zur Metaphysik — Eine Tendenz in der deutschen Philosophie? In: Merkur 1985, S. 898ff. *(1985b)*

— Recht und Moral. Zwei Vorlesungen. MS 1986. Erste Vorlesung: Wie ist Legitimität durch Legalität möglich? *(1986a)* Zweite Vorlesung: Zur Idee des Rechtsstaats. *(1986b)*

— Wie ist Legitimität durch Legalität möglich? In: KJ 1987, S. 1ff.

— Die Einheit der Vernunft in der Vielheit ihrer Stimmen. In: Merkur 1988, S. 1ff.

— und *Luhmann,* Niklas, Theorie der Gesellschaft oder Sozialtechnologie — Was leistet die Systemforschung? Frankfurt a.M. 1971

Haferkamp, Hans und *Schmid,* Michael (Hg.), Sinn, Kommunikation und soziale Differenzierung. Beiträge zu Luhmanns Theorie sozialer Systeme. Frankfurt a.M. 1987

Haller, Michael, System und Gesellschaft. Krise und Kritik der politischen Philosophie Hegels. Stuttgart 1981

Hart, Dieter, Zur Instrumentierung des Wirtschaftsrechts am Beispiel Wirtschaftsverfassung. In: ZHR 140 *(1976),* S. 31ff.

Hegel, Georg Wilhelm Friedrich, Werke in zwanzig Bänden. Auf der Grundlage der *Werke* von 1832-1845 neu edierte Ausgabe. Redaktion Eva Moldenhauer und Karl Markus Michel. Frankfurt a.M. 1969ff. [Bd.7: Grundlinien der Philosophie des Rechts oder Naturrecht und Staatswissenschaft im Grundrisse (1821). Mit Hegels eigenhändigen Notizen und den mündlichen Zusätzen.]

— Frühe politische Systeme. System der Sittlichkeit. Über die wissenschaftlichen Behandlungsarten des Naturrechts. Jenaer Realphilosophie. Herausgegeben und kommentiert von Gerhard Göhler. Frankfurt a.M., Berlin, Wien 1974

— Vorlesungen über Rechtsphilosophie 1818 — 1831. Edition und Kommentar, herausgegeben von Karl-Heinz Ilting. 4 Bände, Stuttgart-Bad Cannstatt 1973/74

— Philosophie des Rechts. Die Vorlesungen von 1819/20 in einer Nachschrift. Herausgegeben von Dieter Henrich. Frankfurt a.M. 1983

Hejl, Peter M., The Problem of a Scientific Description of Society. In: Benseler u.a. 1980, S. 147ff.

— Sozialwissenschaft als Theorie selbstreferentieller Systeme. Frankfurt a.M. 1982 *(1982a)*

— Die Theorie autopoietischer Systeme: Perspektiven für die soziologische Systemtheorie. In: Rechtstheorie 13 (1982), S. 45ff. *(1982b)*

— Konstruktion der sozialen Konstruktion: Grundlinien einer konstruktivistischen Sozialtheorie. In: S. Schmidt 1987, S. 303ff.

Henrich, Dieter, Selbstverhältnisse. Gedanken und Auslegungen zu den Grundlagen der klassischen deutschen Philosophie. Stuttgart 1982 *(1982a)*

— Logische Form und reale Totalität. In: Henrich/Horstmann 1982, S. 428ff. *(1982b)*

— (Hg.), All-Einheit. Wege eines Gedankens in Ost und West. Veröffentlichungen der Internationalen Hegel-Vereinigung Bd.14. Stuttgart 1985

— Was ist Metaphysik, was Moderne? Thesen gegen Jürgen Habermas. In: Merkur 1986, S. 495ff.

— und *Horstmann*, Rolf-Peter (Hg.), Hegels Philosophie des Rechts. Die Theorie der Rechtsformen und ihre Logik. Veröffentlichungen der Internationalen Hegel-Vereinigung Bd.11. Stuttgart 1982

von Heydebrand, Wolf, Die Technokratisierung des Rechts und der Justizverwaltung. In: Gessner/Winter 1982, S. 93ff.

Hofstadter, Douglas R., Gödel, Escher, Bach: an Eternal Golden Braid. Hassocks 1979

Honneth, Axel, Kritik der Macht. Reflexionsstufen einer kritischen Gesellschaftstheorie. Frankfurt a.M. 1985

Horkheimer, Max und *Adorno*, Theodor W., Dialektik der Aufklärung. Philosophische Fragmente. Amsterdam 1947

Jantsch, Erich, Die Selbstorganisation des Universums. Vom Urknall zum menschlichen Geist. 2.Auflage, München 1984

Jellinek, Georg, Allgemeine Staatslehre. Nachdruck der 3.Auflage, Bad Homburg v.d.H., Berlin, Zürich 1966

— System der subjektiven öffentlichen Rechte. 2.Nachdruck der 2.Auflage (Tübingen 1905), Darmstadt 1963

Joerges, Christian, Vertragsgerechtigkeit und Wettbewerbsschutz in den Beziehungen zwischen Automobilherstellern und -händlern: Über die Aufgaben richterlicher Rechtspolitik in „Relationierungsverträgen". In: Christian Broda, Erwin Deutsch, Hans-Ludwig Schreiber, Hans-Jochen Vogel (Hg.), Festschrift für Rudolf Wassermann zum sechzigsten Geburtstag. Neuwied und Darmstadt 1985, S. 697ff.

— Die Überarbeitung des BGB-Schuldrechts, die Sonderprivatrechte und die Unbestimmtheit des Rechts. In: KJ 1987, S. 166ff.

Kant, Immanuel, Metaphysik der Sitten. Hg.von Karl Vorländer. Unveränderter Nachdruck der 4.Auflage 1922, Hamburg 1966 *(zit.: MdS)*

Keller, Karin und *Uebersohn,* Gerhard, Eigene Rechte für die Natur? — Eine Kontroverse. In: KJ 1986, S. 339ff.

Kelsen, Hans, Reine Rechtslehre. Einleitung in die rechtswissenschaftliche Problematik. Leipzig und Wien 1934

Kitschelt, Herbert, „Rechtsstaatlichkeit" — zur Theorie rechtlicher Programmierungsformen im Staat der bürgerlichen Gesellschaft. In: DuR 1977, S. 287ff.

— Moralisches Argumentieren und Sozialtheorie. Prozedurale Ethik bei John Rawls und Jürgen Habermas. In: ARSP 1980, S. 391ff.

Knieper, Rolf, Zwang, Vernunft, Freiheit. Studien zur juristischen Konstruktion der bürgerlichen Gesellschaft. Frankfurt a.M. 1981

— Die Subjektivität des Rechtssubjekts. In: Gessner/Winter 1982, S. 116ff.

Köck, Wolfram K., Autopoiesis and Communication. In: Benseler u.a. 1980, S. 87ff.

— Kognition — Semantik — Kommunikation. In: S. Schmidt 1987, S. 340ff.

Koch, Hans-Joachim, Das Abwägungsgebot im Planungsrecht. In: DVBl.1983, S. 1125ff.

Koselleck, Reinhart, Vergangene Zukunft. Zur Semantik geschichtlicher Zeiten. Frankfurt a.M. 1979

Krohn, Wolfgang, *Küppers,* Günther und *Paslack,* Rainer, Selbstorganisation — Zur Genese und Entwicklung einer wissenschaftlichen Revolution. In: S. Schmidt 1987, S. 441ff.

Kübler, Friedrich (Hg.), Verrechtlichung von Wirtschaft, Arbeit und sozialer Solidarität. Vergleichende Analysen. Baden-Baden 1984

Küsters, Gerd-Walter, Rechtskritik ohne Recht — zu Habermas' „Theorie des kommunikativen Handelns". In: Rechtstheorie 1983, S. 95ff.

Kuhn, Thomas S. , Die Struktur wissenschaftlicher Revolutionen. Frankfurt a.M. 1973

Ladeur, Karlheinz, Rechtssubjekt und Rechtsstruktur. Versuch über die Funktionsweise der Rechtssubjektivität. Gießen 1978

— Vom Gesetzesvollzug zur strategischen Rechtsfortbildung. Zur Genealogie des Verwaltungsrechts. In: Leviathan 1979, S. 339ff.

— Verrechtlichung der Ökonomie — Ökonomisierung des Rechts? In: Gessner/Winter 1982, S. 74ff.

— „Abwägung" — ein neues Rechtsparadigma? In: ARSP 1983, S. 463ff.

— „Abwägung" — Ein neues Paradigma des Verwaltungsrechts. Von der Einheit der Rechtsordnung zum Rechtspluralismus. Frankfurt a.M. 1984 *(1984a)*

— Flexibilisierungsstrategien — Alternativen zum „Steuerungsstaat". MS, Bremen 1984 *(1984b)*

— Perspektiven einer post-modernen Rechtstheorie. Zur Auseinandersetzung mit N. Luhmanns Konzept der „Einheit des Rechtssystems". In: Rechtstheorie 16 (1985), S. 383ff.

— Die Akzeptanz von Ungewißheit — ein Schritt auf dem Weg zu einem „ökologischen" Rechtskonzept. In: Voigt 1986, S. 60ff. *(1986a)*

— Klassische Grundrechtsfunktion und „post-moderne" Grundrechtstheorie. Eine Auseinandersetzung mit B. Schlink (EuGRZ 84, 457ff.). In: KJ 1986, S. 197ff. *(1986b)*

— Vom universalistischen Recht zum Recht der Ungewißheit. — Zur Verarbeitung des Zerfalls der „Gesamtteleologie" der Rechtsordnung in der Methodendiskussion und ihrer linken Kritik. MS 1986 *(1986c)*

— „Prozedurale Rationalität" — Steigerung der Legitimationsfähigkeit des Rechtssystems? In: ZfRSoz 1986, S. 265ff. *(1986d)*

— *und Hase,* Friedhelm, Verfassungsgerichtsbarkeit und Politisches System — Studien zum Rechtsstaatsproblem in Deutschland. Frankfurt a.M. 1980

—, *Hase,* Friedhelm und *Ridder,* Helmut, Nochmals: Reformalisierung des Rechtsstaats als Demokratiepostulat? In: JuS 1981, S. 794ff.

Larenz, Karl, Methodenlehre der Rechtswissenschaft. Berlin etc. 1960; 2.Aufl. 1969

Lübbe-Wolff, Gertrude, Die Sittlichkeit in der bürgerlichen Gesellschaft. Hegels Wegweisung durch das Nadelöhr. In: ARSP 1982, S. 223ff.

Luhmann, Niklas, Sinn als Grundbegriff der Soziologie. In: Habermas/Luhmann 1971, S. 25ff.

— Rechtssoziologie. 2 Bde., Reinbek 1972

— Selbst-Thematisierungen des Gesellschaftssystems — Über die Kategorie der Reflexion aus der Sicht der Systemtheorie. In: ZfS 1973, S. 21ff.

— Rechtssystem und Rechtsdogmatik. Stuttgart etc. 1974

— Legitimation durch Verfahren. 2.Aufl., Darmstadt und Neuwied 1975

— Subjektive Rechte. Zum Umbau des Rechtsbewußtseins für die moderne Gesellschaft. In: Gesellschaftsstruktur und Semantik. Studien zur Wissenssoziologie der modernen Gesellschaft. 2 Bde., Frankfurt a.M. 1981, Bd.2, S. 45ff. *(1981a)*

— Politische Theorie im Wohlfahrtsstaat. München/Wien 1981 *(1981b)*

— Soziologische Aufklärung 3. Soziales System, Gesellschaft, Organisation. Opladen 1981 *(1981c)*

— Positivität des Rechts als Voraussetzung einer modernen Gesellschaft. In: Ausdifferenzierung des Rechts. Frankfurt a.M. 1981, S. 113ff. *(1981d)*

— Die Funktion der Religion. Frankfurt a.M. 1982

— Bürgerliche Rechtssoziologie — Eine Theorie des 18.Jahrhunderts. In: ARSP 1983, S. 431ff. *(1983a)*

— Die Einheit des Rechtssystems. In: Rechtstheorie 1983, S. 129ff. *(1983b)*

— Soziale Systeme. Grundriß einer allgemeinen Theorie. Frankfurt a.M. 1984 *(1984a)*

— The Autopoiesis of Social Systems. MS, Florenz 1984 *(1984b)*

— The Sociological Observation of the Theory and Practice of Law. EUI: Conference Materials „Autopoiesis in Law and Society", Florenz 1984 *(1984c)*

— Die Rückgabe des 12. Kamels. MS 1984 *(1984d)*

— Die Wirtschaft der Gesellschaft als autopoietisches System. In: ZfS 1984, S. 308ff. *(1984e)*

— Die Theorie der Ordnung und die natürlichen Rechte. In: Rechtshistorisches Journal Bd.3 (1984), S. 133ff. *(1984f)*

— Staat und Politik. Zur Semantik der Selbstbeschreibung politischer Systeme. In: Udo Bermbach (Hg.), Politische Theoriengeschichte. Probleme einer Teildisziplin der politischen Wissenschaft. PVS-Sonderheft 15/1984, S. 99ff. *(1984g)*

— Die Autopoiesis des Bewußtseins. In: Soziale Welt 1985, S. 402ff. *(1985a)*

— Einige Probleme mit „reflexivem Recht". In: ZfRSoz 1985, S. 1ff. *(1985b)*

— Geschlossenheit und Offenheit. Über Realität in der Welt des Rechts. DOC IUE 343/85 (1986) *(1986a)*

[englische Fassung: Closure and Openess: On Reality in the World of Law. In: Teubner 1988a, S. 335ff. *(1988)*]

— Systeme verstehen Systeme. In: Luhmann/Schorr 1986, S. 72ff. *(1986b)*

— Die Lebenswelt — nach Rücksprache mit Phänomenologen. In: ARSP 1986, S.176ff. *(1986c)*

— „Distinctions Directrices" — Über Codierung von Semantiken und Systemen. In: Friedhelm Neidhardt, M.Rainer Lepsius und Johannes Weiß (Hg.), Kultur und Gesellschaft. Sonderheft 27/1986 der KZfSS, S. 145ff. *(1986d)*

— Kapital und Arbeit. Probleme einer Unterscheidung. In: Berger 1986, S. 57ff. *(1986e)*

— Die Codierung des Rechtssystems. In: Rechtstheorie 17 *(1986), S. 171ff. (1986f)*

— Ökologische Kommunikation. Kann sich die moderne Gesellschaft auf ökologische Gefährdungen einstellen? Opladen 1986 *(1986g)*

— Am Anfang war kein Unrecht. MS 1986 *(1986h)*

— The Self-reproduction of Law and its Limits. In: Teubner 1986, S. 111ff. *(1986i)*

— Die Richtigkeit soziologischer Theorie. In: Merkur 1987, S. 36ff. *(1987a)*

— Autopoiesis als soziologischer Begriff. In: Haferkamp/Schmid 1987, S. 307ff. *(1987b)*

— Tautologie und Paradoxie in den Selbstbeschreibungen der modernen Gesellschaft. In: ZfS 1987, S. 161ff. *(1987c)*

— *(1988):* siehe *1986a*

— und *Schorr,* Karl Eberhard (Hg.), Zwischen Intransparenz und Verstehen. Fragen an die Pädagogik. Frankfurt a.M. 1986

Luhmann: „Festschrift" (FS), Siehe Dirk *Baecker* (Hg.) 1987

Lyotard, Jean-Francois, Das postmoderne Wissen. Ein Bericht. Theatro Machinarum Heft 3/4, Wien/Bielefeld 1982

Marx, Karl, Grundrisse der Kritik der politischen Ökonomie. 2.Aufl. Berlin 1974 *(zit.: Grundrisse)*

— Zur Kritik der Hegelschen Rechtsphilosophie. Kritik des Hegelschen Staatsrechts (§§ 261 - 313). In: Karl Marx. Friedrich Engels. Werke *(zit.: MEW)*, Bd.1, Berlin 1974, S. 201 ff.

— Das Kapital. Kritik der politischen Ökonomie. Bd.1-3. In: MEW Bd.23 - 25, Berlin 1973 ff.

— und *Engels*, Friedrich, Manifest der Kommunistischen Partei. In: Karl Marx. Friedrich Engels, Ausgewählte Werke in sechs Bänden, Berlin 1974, Bd.1, S. 415 ff. *(zit.: Manifest)*

Maturana, Humberto R., Man and Society. In: Benseler u.a. 1980, S. 11 ff.

— Biologie der Sozialität. In: S. Schmidt 1987, S. 287 ff.

— und *Varela*, Francisco J., Autopoiesis and Cognition. The Realization of the Living. (Boston studies in the philosophy of science, v.42), Dordrecht/Boston/London 1980

Maus, Ingeborg, Bürgerliche Rechtstheorie und Faschismus. Zur sozialen Funktion und aktuellen Wirkung der Theorie Carl Schmitts. München 1976

— Entwicklung und Funktionswandel der Theorie des bürgerlichen Rechtsstaats. In: Mehdi Tohidipur (Hg.), Der bürgerliche Rechtsstaat. Frankfurt a.M. 1978, Bd.1, S. 13 ff.

— Verrechtlichung, Entrechtlichung und der Funktionswandel von Institutionen. In: —, Rechtstheorie und politische Theorie im Industriekapitalismus. München 1986, S. 277 ff. *(1986a)*

— Perspektiven „reflexiven Rechts" im Kontext gegenwärtiger Deregulierungstendenzen. In: KJ 1986, S. 390 ff. *(1986b)*

Mead, George H., Geist, Identität und Gesellschaft aus der Sicht des Sozialbehaviorismus. Frankfurt a.M. 1973

Naucke, Wolfgang, Konsens als Quelle richtigen Rechts; richtiges Recht als Grenze des Konsenses. In: Hans Hattenhauer, Werner Kalteleiter (Hg.), Mehrheitsprinzip, Konsens und Verfassung. Heidelberg 1986, S. 47 ff.

Negt, Oskar und *Kluge*, Alexander, Geschichte und Eigensinn. Frankfurt a.M. 1981

Neumann, Franz, Die Herrschaft des Gesetzes. Eine Untersuchung zum Verhältnis von politischer Theorie und Rechtssystem in der Konkurrenzgesellschaft. Übersetzt und mit einem Nachwort von Alfons Söllner. Frankfurt a.M. 1980

Nocke, Joachim, Autopoiesis — Rechtssoziologie in seltsamen Schleifen. In: KJ 1986, S. 363 ff.

Offe, Claus, Strukturprobleme des kapitalistischen Staates. 3.Aufl., Frankfurt a.M. 1975

— Korporatismus als System nichtstaatlicher Makrosteuerung? Notizen über seine Voraussetzungen und demokratischen Gehalte. In: Geschichte und Gesellschaft 10 (1984), S. 234 ff.

— Die Utopie der Null-Option. Modernität und Modernisierung als politische Gütekriterien. In: Berger 1986, S. 97 ff.

Ogorek, Regina, Richterkönig oder Subsumtionsautomat? Zur Justiztheorie im 19.Jahrhundert. (Rechtsprechung. Materialien und Studien. Veröffentlichungen des Max-Planck-Instituts für Europäische Rechtsgeschichte, Bd.1) Frankfurt a.M. 1986

Ost, Francois, Between Order and Disorder: The Game of Law. In: Teubner 1988a, S. 70ff. *(1988)*

Podak, Klaus, Ohne Subjekt, ohne Vernunft. Bei der Lektüre Niklas Luhmanns Hauptwerk „Soziale Systeme". In: Merkur 1984, S. 733ff.

Preuß, Ulrich K., Die Internalisierung des Subjekts. Zur Kritik der Funktionsweise des subjektiven Rechts. Frankfurt a.M. 1979

— Rationality of Law — Allocative, distributive and communicative rationality. MS, Bremen 1986

Prigogine, Ilya und *Stengers*, Isabelle, Order out of Chaos. Man's new Dialogue with Nature. Boulder/London 1984

Riedl, Rupert, Die Folgen des Ursachendenkens. In: Watzlawick 1981, S. 67ff.

Ritsert, Jürgen, Anerkennung, Selbst und Gesellschaft — Zur gesellschaftlichen Konstitution von Subjektivität in Hegels „Jenaer Realphilosophie". In: Soziale Welt 1981, S. 275ff.

— Die gesellschaftliche Basis des Selbst. Entwurf einer Argumentationslinie im Anschluß an Mead. In: Soziale Welt 1980, S. 288ff.

Roth, Gerhard, Autopoiese und Kognition: Die Theorie H.R.Maturanas und die Notwendigkeit ihrer Weiterentwicklung. In: S. Schmidt 1987, S. 256ff. *(1987a)*

— Die Entwicklung kognitiver Selbstreferentialität im menschlichen Gehirn. In: FS Luhmann, S. 394ff. *(1987b)*

Rottleuthner, Hubert, Biological Metaphors in Legal Thought. In: Teubner 1988a, S. 97ff.

von Savigny, Friedrich Carl, System des heutigen Römischen Rechts. Bd.1 — 8 , Berlin 1840ff.

Schlink, Bernhard, Abwägung im Verfassungsrecht. (Schriften zum Öffentlichen Recht Bd.229), Berlin 1976

— Freiheit durch Eingriffsabwehr — Rekonstruktion der klassischen Grundrechtsfunktion. In: EuGRZ 1984, S. 457ff.

Schmidt, Eike, The Materialisation of Private Law and the Co-operation Maxim of Civil Proceedings. In: Benseler u.a. 1980, S. 185ff.

Schmidt, Siegfried J. (Hg.), Der Diskurs des Radikalen Konstruktivismus. Frankfurt a.M. 1987

Schmitt, Carl, Über die drei Arten des rechtswissenschaftlichen Denkens. Hamburg 1934

— Verfassungsrechtliche Aufsätze aus den Jahren 1924-1954. Materialien zu einer Verfassungslehre. Berlin 1958

— Verfassungslehre. 5., unveränderte Auflage, Berlin 1970

Smid, Stefan, Soziale Evolution und Rationalität. Bemerkungen zu N.Luhmanns Grundlegung einer allgemeinen Theorie. In: Rechtstheorie 16 *(1985), S. 429ff.*

Söllner, Alfons, Geschichte und Herrschaft. Studien zur materialistischen Sozialwissenschaft. Frankfurt a.M. 1979

— Jürgen Habermas und die kritische Theorie des gegenwärtigen Rechtsstaats — Versuch einer wissenschaftsgeschichtlichen Einordnung. In: Leviathan 1982, S. 97ff.

Spaemann, Robert, Stichwort „Freiheit“ (Neuzeit) in: Joachim Ritter/Karlfried Gründer (Hg.), Historisches Wörterbuch der Philosophie. Basel und Stuttgart 1971ff.

Srubar, Ilja, Diskursive und dialektische Vernunft: Das Konzept der gesellschaftlichen Rationalisierung bei Marx und Weber. In: ZfS 1983, S. 7ff.

Suhr, Dieter, Freiheit durch Geselligkeit. Institut, Teilhabe, Verfahren und Organisation im systematischen Raster eines neuen Paradigmas. In: EuGRZ 1984, S. 529ff.

Teubner, Gunther, Folgenkontrolle und responsive Dogmatik. In: Rechtstheorie 1975, S. 179ff.

— Reflexives Recht. Entwicklungsmodelle des Rechts in vergleichender Perspektive. In: ARSP 1982, S. 13ff.

— Substantive and Reflexive Elements in Modern Law. In: Law & Society Review, Volume 17 (1983), S. 239ff. *(1983a)*

— „Corporate responsibility“ als Problem der Unternehmensverfassung. In: ZGR 1983, S. 34ff. *(1983b)*

— Verrechtlichung — Begriffe, Merkmale, Grenzen, Auswege. In: Kübler 1984, S. 289ff. *(1984a)*

— Das regulatorische Trilemma — Zur Diskussion um post-instrumentale Rechtsmodelle. In: Quaderni Fiorentini per la storia del pensiero giuridico moderno 13 (1984), S. 109ff. *(1984b)*

— Autopoiese im Recht: Zum Verhältnis von Evolution und Steuerung im Rechtssystem. MS 1985 *(1985a)*

[(teilweise überarbeitete) englische Fassung: Evolution of Autopoietic Law. In: Teubner 1988a, S. 217ff. *(1988b)*]

— Gesellschaftsordnung durch Gesetzgebungslärm? Autopoietische Geschlossenheit als Problem für die Rechtssetzung. MS 1985 *(1985b)*

— Unternehmensinteresse — das gesellschaftliche Interesse des Unternehmens „an sich“? In: ZHR 1985, S. 470ff. *(1985c)*

— (Hg.), Dilemmas of Law in the Welfare State. Berlin/New York 1986 *(1986a)*

— After Legal Instrumentalism? Strategic Models of Post-regulatory Law. In: Teubner 1986a, S. 299ff. *(1986b)*

— Hyperzyklus in Recht und Organisation. Zum Verhältnis von Selbstbeobachtung, Selbstkonstitution und Autopoiese. In: Haferkamp/Schmid 1987, S. 89ff. *(1987a)*

— Episodenverknüpfung. Zur Steigerung von Selbstreferenz im Recht. In: FS Luhmann, S. 423ff. *(1987b)*

— Unternehmenskorporatismus. New Industrial Policy und das „Wesen“ der Juristischen Person. In: KritV 1987, S. 61ff. *(1987c)*

— Unitas multiplex. Probleme einer Konzernverfassung in systemtheoretischer Sicht. MS, Florenz 1987 *(1987d)*

— (Hg.), Autopoietic Law: A New Approach to Law and Society. Berlin/New York 1988 *(1988a)*

— *(1988b)*: siehe *(1985a)*

— und *Willke*, Helmut, Kontext und Autonomie: Gesellschaftliche Selbststeuerung durch reflexives Recht. In: ZfRSoz 6(1984), S. 4ff.

Theunissen, Michael, Sein und Schein. Die kritische Funktion der Hegelschen Logik. Frankfurt a.M. 1980

— Die verdrängte Intersubjektivität in Hegels Philosophie des Rechts. In: Henrich/Horstmann 1982, S. 317ff.

Tonner, Klaus, Verbraucherrecht und Selbstregulierungskonzepte. In: KJ 1985, S. 107ff.

Treiber, Hubert, Prozedurale Rationalität — eine verfahrene Sache? In: ZfRSoz 1986, S. 244ff.

Tugendhat, Ernst, Zur Entwicklung von moralischen Begründungsstrukturen im modernen Recht. In: ARSP 1980, S. 1ff.

— Probleme der Ethik. Stuttgart 1984

Varela, Francisco, Der kreative Zirkel. Skizzen zur Naturgeschichte der Rückbezüglichkeit. In: Watzlawick 1981, S. 294ff.

— Autonomie und Autopoiese. In: S. Schmidt 1987, S. 119ff.

Voigt, Rüdiger (Hg.), Recht als Instrument der Politik. Opladen 1986

Vollrath, Ernst, Jürgen Habermas' fundamentalistischer Fehlschluß. In: Der Staat 1983, S. 406ff.

Waldenfels, Bernhard, In den Netzen der Lebenswelt. Frankfurt a.M. 1985

Watzlawick, Paul (Hg.), Die erfundene Wirklichkeit. Wie wissen wir, was wir zu wissen glauben? Beiträge zum Konstruktivismus. München/Zürich 1981

Wellmer, Albrecht, Praktische Philosophie und Theorie der Gesellschaft — Zum Problem der normativen Grundlagen einer kritischen Sozialwissenschaft. Konstanz 1979

Wieacker, Franz, Industriegesellschaft und Privatrechtsordnung. Frankfurt a.M. 1974

— Formalismus und Naturalismus in der neueren Rechtswissenschaft. In: Europäisches Rechtsdenken in Geschichte und Gegenwart. Festschrift für Helmut Coing zum 70.Geburtstag. München 1982, Bd.1, S. 703ff.

Wiethölter, Rudolf, Privatrecht als Gesellschaftstheorie? Bemerkungen zur Logik der ordnungspolitischen Rechtslehre. In: Funktionswandel der Privatrechtsinstitutionen. Festschrift für Ludwig Raiser. Tübingen 1974, S. 645ff. *(1974a)*

— Stichwort „Wirtschaftsrecht" in Axel Görlitz (Hg.), Handlexikon zur Rechtswissenschaft. Reinbek 1974 *(1974b)*

— Stichwort „Bürgerliches Recht", ebd. *(1974c)*

— Thesen zum Wirtschaftsverfasssungsrecht. In: Peter Römer (Hg.), Der Kampf um das Grundgesetz. Frankfurt a.M. 1977, S. 158ff. *(1977a)*

— Begriffs- oder Interessenjurisprudenz — Falsche Fronten im IPR und Wirtschaftsverfassungsrecht. Bemerkungen zur selbstgerechten Kollisionsnorm. In: Internationales

Privatrecht und Rechtsvergleichung im Ausgang des 20. Jahrhunderts. Bewahrung oder Wende? Festschrift für Gerhard Kegel, Frankfurt a.M. 1977, S. 213ff. *(1977b)*

— Vom besonderen Allgemeinprivatrecht zum allgemeinen Sonderprivatrecht? — Bemerkungen zu Grundlagenveränderungen in der Privatrechtstheorie. In: Anales de la Catedra Francisco Suarez, No.22 (1982), S. 125ff. *(1982a)*

— Entwicklung des Rechtsbegriffs (am Beispiel des BVG-Urteils zum Mitbestimmungsgesetz und -allgemeiner- an Beispielen des sog. Sonderprivatrechts). In: Gessner/Winter 1982, S. 38ff. *(1982b)*

— Materialisierungen und Prozeduralisierungen von Recht. MS, Frankfurt a.M./Florenz 1982; *(1982c)*

[englische Fassung: Materialization and Proceduralization in Modern Law. In: Teubner 1986a, S. 221ff. *(1986c)*]

— Pluralismus und soziale Identität. In: Gerhard Dilcher, Ilse Staff (Hg.), Christentum und modernes Recht. Beiträge zum Problem der Säkularisierung. Frankfurt a.M. 1984, S. 379ff.

— Sozialwissenschaftliche Modelle im Wirtschaftrecht. In: KJ 1985, S. 126ff.

[englische Fassung: Social Science Modells in Economic Law. In: Daintith/Teubner 1986, S. 52ff.; *(1986a)*]

— Sanierungskonkurs der Juristenausbildung? In: KritV 1986, S. 21ff. *(1986b)*

— *(1986c)*: siehe *1982c*

— Zum Fortbildungsrecht der (richterlichen) Rechtsfortbildung. Fragen eines lesenden Recht-Fertigungslehrers. In: KritV 1988, S. 1ff.

Willke, Helmut, Die Disjunktion von Rechtsformen und Machtformen — am Beispiel der konzertierten Aktion. In: Gessner/Winter 1982, S. 200ff.

— Entzauberung des Staates — Überlegungen zu einer sozietalen Steuerungstheorie. Königstein/Ts. 1983

— Societal Guidance Through Law. Florenz (DOC.IUE 318/85) 1985

— Three Types of Legal Structure: The Conditional, the Purposive and the Relational Program. In: Teubner 1986a, S. 280ff. *(1986)*

— Differenzierung und Integration in Luhmanns Theorie sozialer Systeme. In: Haferkamp/Schmid 1987, S. 247ff. *(1987a)*

— Strategien der Intervention in autonome Systeme. In: FS Luhmann, S. 333ff. *(1987b)*

Wolf, Rainer, Zur Antiquiertheit des Rechts in der Risikogesellschaft. In: Leviathan 1987, S. 357ff.

Zolo, Danilo, Lo statuto epistemologico della teoria dell' autopoiesis e le sue applicazioni alle scienze sociali. Florenz (DOC.IUE 331/85) 1985 *(1985a)*

— Reflexive Selbstbegründung und Autopoiesis. Über die epistemologischen Voraussetzungen der „allgemeinen Theorie sozialer Systeme“ Niklas Luhmanns. In: Soziale Welt 1985, S. 519ff. *(1985b)*

FSC
www.fsc.org
MIX
Papier | Fördert
gute Waldnutzung
FSC® C083411

Kolibri 360 GmbH
Ferdinand-Jühlke-Straße 7
99095 Erfurt, Deutschland
produktsicherheit@kolibri360.de

Druck:
CPI Druckdienstleistungen GmbH
im Auftrag der
Kolibri 360 GmbH
Ferdinand-Jühlke-Str. 7
99095 Erfurt